東南アジアの遺跡を歩く

高杉 等
Takasugi Hitoshi

めこん

★カンボジア
バンテアイ・チュマールの観音菩薩像

西門から見た曙光のアンコール・ワット
アンコール・トム西門

バイヨン
観音菩薩像の顔

タ・プローム　樹木が根を下ろした回廊
ベン・メリア

バンテアイ・スレイ
東洋のモナ・リザと言われる女神像

★東北タイ
ピマーイ　正門からの全景

パノム・ルン　主祠堂
ムアン・タム　祠堂群

プラサート・バーン・プルアン
ゴーヴァルダナ山を支えるクリシュナ神のレリーフ（破風）

プリヤ・ヴィヒヤ　本殿入口
裏側は断崖になっていて、数百メートル下にカンボジアの大地がひろがる。

★スコータイ
ワット・マハータート　正面からの全景

ワット・サパーン・ヒン　北側からの全景
ワット・チェトゥポン　東側からの全景

↑ワット・プラ・シー・ラタナ・マハータート
　遊行仏

ワット・チェディー・チェット・テーオ　北側からの全景
ワット・プラ・ケーオ　境内の仏像

★アユタヤ
ワット・ナー・プラメーンの王衣をまとった本尊

ワット・プラ・シー・サンペット　スリランカ風の仏塔
ワット・チャイ・ワッタナラーム　北西側からの全景

ワット・マハータート　樹木の根にからめとられた仏頭
ワット・ロカヤスタ　横たわる仏陀像

★南ラオス
ワット・プー 本殿から東側の聖池、宮殿を望む。

★チャンパ　ミソンH群からB、C群を望む。
ホアライ　西側からの全景

銀塔
国道の橋の上からの遠望

★中部ビルマ
バガンの一部

夕焼けのアーナンダ寺院とタビィニュー寺院
ダマヤンジー寺院の全景

ゴード・パリン寺院
エーヤワデー川を背景に

★ジャワ　朝もやのボロブドゥール寺院
ロロ・ジョングラン寺院　東側からの全景

まえがき

　はじめての海外旅行で私が一番行きたかった所は、アンコール・ワットだった。しかし当時(1981年)のカンボジアは内乱状態だったし、旅の情報も全くなかったので、結局、ヨーロッパの古城と中世の都市巡りの旅に出てしまった。
　85年にインドの旅に出てからは、ヨーロッパの秩序美、徹底した保護保存とは異なった、途上国の混沌、適度に放置された遺跡の魅力にとりつかれてしまった。そして、その後は東南アジア、インド、中国、中近東、中米、南米といった国々を旅行することを繰り返した。
　1992年に個人でアンコール・ワットに行けるという情報を得て、現地を訪れてからは、クメールの遺跡をたずねることが多くなった。もともと遺跡写真のコレクションのようなつもりで、遺跡巡りを始めたのだが、一通り有名な遺跡を見終わると、辺境の遺跡、一般には知られていない遺跡へとどんどん深みにはまりこんでいった。それと同時に、様々な情報や専門的な知識を得るにしたがって、今まで訪れた遺跡でも、肝心の見所をいくつも見落としていることがわかった。そのため、特に東南アジアの遺跡では、1つの遺跡でも、異なった季節、早朝や夕方など異なった時間に何度も訪れることになった。
　東南アジアの旅は、豊かな食物、熱帯の気候風土、人々の気質といった点で私には合っているし、金銭的な面を気にせず長期間滞在できるというメリットがある。近年になってようやく自由に旅行できるようになった、カンボジアやラオス、ベトナムといった国には、まだまだ未知の部分もある。
　私が遺跡の良し悪し(魅力)を判断する規準は、建物自体の大きさとか彫刻などの装飾といった点もさることながら、遺跡をとりまく環境、そして遺跡の状態がより大きなウエイトを占める。「なぜ、こんなところに」と思わせる場所にあってほしい。そして、歴史の重みを感じさせるように、ものさびた雰囲気を残していてほしい。ジャングルの中とか、一面の荒れ地に遺跡がそびえていてくれれば言うことはない。
　そういった目で見てくると、今まで私が訪れた世界の遺跡の中でベスト・スリーのうち2つは、東南アジアにある。カンボジアのアンコールとミャンマーのバガンだ（もう1つは、グァテマラのマヤの神殿ティカル）。
　ここでは、他に観光客がいなければ、探検気分をあじわうことができる。もっとも、アンコール遺跡群などは、急速な観光化が進み、大挙して人々が訪れだしたので、以前のように、密林に埋もれた廃墟の雰囲気に浸るということはできなくなって

しまった。その他のタイやインドネシアといった国々にも、熱帯雨林の樹木に侵されつつある遺跡があったはずだが、観光客誘致のための安易な修復、公園化のため、魅力が半減してしまっている。美の基準がちがうと言われてしまえばそれまでだが、残念な気がする。

さて、この本は、私の今までの遺跡巡りの体験で知り得た情報を踏まえて、東南アジアに残る遺跡を私的にガイドしたものである。一般のガイドブックに書かれている有名な遺跡だけでなく、旅行者がほとんど訪れることのない、忘れ去られた遺跡も多数取り上げた。特に、近年観光客が自由に訪れることができるようになったカンボジアのクメール遺跡については、アンコール地域の遺跡だけでなく、地方の大遺跡も紹介している。さらに、タイやラオスにあるクメール遺跡にも多くのページを割いた。

旅の途中で私自身が経験したトラブルを基に注意点も記し、遺跡を訪れるために拠点となる町、現地へのアクセス方法、地図など、ツアーに参加することなく個人で遺跡巡りをしたい人の参考になるよう配慮した。もちろん遺跡それ自体のガイドとして、歴史的・宗教的背景、見所、遺跡の現状などについても、私なりに、できるだけくわしく書いたつもりだ。

カタカナ表記は、ある程度の規準はもうけたが、しょせん現地語を正確に伝えることは不可能だ。現場で自分が実際に耳にした呼び名をなるべく忠実に再現しようとしたが、あまり自信はない。英文表記は参考にとどめていただきたい。

この本に取り上げた遺跡は、現在信仰の対象とされていないものがほとんどである。歴史的には古くても、きらびやかにリニューアルされたもの、反対に、あまり建物が残っていない所は除外した。結果的には、私がイメージする「石やレンガ造りの地肌のままの、廃墟を想わせる朽ち果てつつある遺跡」を集めることになった。

写真もできるだけ多くのせるようにした。私自身、1枚の写真を見てそこに行きたいと思ったことが、何度もあるからだ。この本を読んで心引かれる遺跡を見つけたら、是非思い切って出かけてみていただきたい。

なお、私なりに遺跡のランク付けをしてみた。あくまで私なりにであるので、御参考までに。

★★★★はその遺跡を見るためだけに日本から行くほどの価値がある。
★★★はその地域に行くことがあれば、是非行きたい。
★★はこのクラスの遺跡がいくつかあれば、行きたい。
★は他の遺跡を見たついでに寄る程度でいい。

目次●東南アジアの遺跡を歩く

まえがき ……25
用語解説 ……35

カンボジア ……43
カンボジアの歴史的背景 ……44
プノンペン近郊の遺跡 ……46
ワット・ノコール ……46
タ・プローム（トンレ・バッティ） ……48
プノン・チソー ……48
プラサート・ネアン・クマウ ……50
プノンペン国立博物館 ……50
タ・ケオ近郊の遺跡 ……52
プノン・ダー ……52
プノン・バヨン ……52
コンポン・トム近郊の遺跡 ……55
サンボール・プレイ・クック遺跡群 ……55
プラサート・アンデット ……60
プラサート・ロッカー ……60
クック・ノコール ……60
アンコール地域の遺跡群 ……63
アク・ヨム ……66
西メボン ……66
プリヤ・コー ……66
バコン ……68
ロ・レイ ……68
プラサート・プレイ・モンティー ……70
プラサート・トラピエン・ポン ……70
プノン・クロム ……70
ワット・アトベア ……72
プラサート・プレイ・エンコシー ……72
アンコール・ワット ……74
アンコール・トム ……80
バイヨン ……82
バプーオン ……86
ピミアナカス ……86
男池・女池 ……88
象のテラス ……88
ライ王のテラス ……88
プラサート・スール・プラット ……90
クリヤン ……90
プリヤ・ピトゥ ……90
プリヤ・パリライ ……92

プラサート・クラヴァン	92
バッチュム	94
スラ・スラン	94
バンテアイ・クディー	94
タ・プローム	96
タ・ケオ	100
タ・ネイ	100
トムマノン	102
チャウ・サイ・テヴォダ	102
プレ・ループ	102
東メボン	106
タ・ソム	106
ニャック・ポアン	108
プラサート・クロル・コー	108
プリヤ・カーン	110
バンテアイ・トム	110
プラサート・プレイ	112
プノン・バケン	112
パクセイ・チャムクロン	114
プラサート・バイ	114
バンテアイ・スレイ	116
バンテアイ・サムレイ	120
チャウ・スレイ・ヴィボール	122
ベン・メリア	122
クレーン山	126

バッタンバン近郊の遺跡 129

ワット・エク	129
ワット・スナン	129
プノン・バノン	130
バンテアイ・チュマール	132

東北タイ 137

東北タイのクメール遺跡の歴史的背景と現状 140

コーラート近郊の遺跡 141

プラサート・ピマーイ	141
ピマーイ国立博物館	142
パノム・ワン	144
ナン・ラム	146
クゥー・サン・タン	148
クゥー・プア・ノーイ	148
ムアン・コーラート	150
プラーン・クゥー（チャイヤプーム）	150

ブリーラム近郊の遺跡 152

プラサート・パノム・ルン	152
ムアン・タム	155
クティー・レシィー	158

- タ・ミエン遺跡群 —— 159
- タ・ミエン —— 159
- タ・ミエン・トッチ —— 159
- タ・ミエン・トム —— 159

スリン、ローイエット近郊の遺跡 —— 162
- プラサート・バーン・プルアン —— 162
- プラサート・プミ・ポン —— 164
- プラサート・ヤイ・ンガオ —— 164
- プラサート・シー・コラ・プーム —— 166
- クゥー・プラ・コーナ —— 166
- プラサート・クゥー・カシーン —— 168
- プラーン・クゥー（ローイエット）—— 169

シーサケート近郊の遺跡 —— 170
- プリヤ・ヴィヒヤ（カオ・プラ・ヴィハーン）—— 170
- プラサート・ドゥ・トラーン —— 171
- プラサート・バーン・ベン —— 176
- プラサート・ノーン・トンラーン —— 176
- プラサート・カンペーン・ヤイ —— 178
- プラサート・カンペーン・ノーイ —— 180
- プラサート・ファイ・タップ・タン —— 180
- プラサート・プラーン・クゥー —— 182
- プラサート・タム・チャーム —— 182
- プラサート・タ・レン —— 184

その他のクメール遺跡 —— 185
- プラサート・ナライ・チェン・ウェン —— 185
- プラサート・カオ・ノーイ —— 186
- ムアン・シン —— 187
- カンペーン・レーン —— 188

ロップリー —— 189
- ロップリーの歴史的背景 —— 190
- プラーン・サーム・ヨード —— 191
- プラーン・ケーク —— 191
- ワット・マハータート —— 191
- プラ・ナライ・ラーチャニウェート国立博物館 —— 192

スコータイ —— 195
- スコータイの歴史的背景 —— 196

スコータイ遺跡 —— 197
- スコータイ遺跡地域の現状 —— 197
- ワット・マハータート —— 198
- ワット・スラシー —— 198

ワット・シー・サワイ	202
ワット・ソラサック	202
ター・パー・デーン	202
ワット・プラ・パーイ・ルアン	204
ワット・シー・チュム	204
ワット・サパーン・ヒン	206
ワット・カオ・プラバート・ノーイ	206
ワット・チャーン・ロブ	206
ワット・チェディー・ンガーム	206
ワット・カオ・プラバート・ヤイ	208
ワット・マンコン	208
ワット・プラ・イェーン	208
ホー・デヴァライ	208
ワット・トン・チャン	210
ワット・チェトゥポン	210
ワット・チェディー・シー・ホン	210
ワット・シー・ピチット・キラティー・カラヤラム	212
ワット・アソカラム	212
ワット・トラポン・トン・ラン	214
ワット・チャーン・ロム	214
ワット・チェディー・スーン	214

シー・サッチャナーライ遺跡 ... 216

シー・サッチャナーライ遺跡地域の現状	216
ワット・プラ・シー・ラタナ・マハータート	217
ワット・チャオ・チャーン	217
ワット・チョム・チュム	217
ワット・チェディー・チェット・テーオ	220
ワット・ナン・パヤ	220
ラク・ムアン	220
ワット・スアン・ケーオ・ウッタヤン・ノーイ	222
ワット・チャーン・ロム	222
ワット・カオ・パノム・プレーン	222
ワット・スワン・キリー	222
ワット・コク・シン・カラーム	225
ワット・パヤ・ダム	225
ワット・サク・ハイナム	225
ワット・カオ・ヤイ・ラーン	225

カンペーン・ペット遺跡 ... 228

カンペーン・ペット遺跡地域の現状	228
ワット・プラ・ケーオ	229
ワット・プラ・タート	229
カンペーン・ペット博物館	229
ワット・プラ・ノーン	232
ワット・プラ・シー・イリヤボット	232
ワット・シンハ	232
ワット・チャーン・ロブ	232
ワット・アワトー・ヤイ	234

アユタヤ ... 235
アユタヤの歴史的背景 ... 236
アユタヤ遺跡地域の現状 ... 237
ワット・マハータート ... 238
ワット・ラートブラナ ... 238
ワット・タミカラット ... 240
ワット・プラ・シーサンペット ... 240
ヴィハーン・プラ・モンコン・ポピット ... 242
ワット・ロカヤスタ ... 242
ワット・プラ・ラーム ... 242
ワット・スワン・ダララーム ... 244
チェディー・スリヨータイ ... 244
ワット・ナー・プラメーン ... 244
ワット・プータイ・サワン ... 246
ワット・チャイ・ワッタナラーム ... 246
ワット・プー・カオ・トーン ... 248
ワット・クディー・ダオ ... 248
ワット・マヘヨン ... 248
ワット・アヨータヤー ... 250
ワット・ヤイ・チャイモンコン ... 250
ワット・パナ・チューン ... 252
チャオ・サン・プラヤー国立博物館 ... 252

南ラオス ... 253
南ラオスの歴史的背景 ... 254
ワット・プー ... 255
ウ・ムアン ... 256

チャンパ ... 261
チャンパの歴史的背景 ... 262
ホイアン近郊の遺跡 ... 263
ミソン遺跡群 ... 264
バンアン ... 268
チェンダン ... 268
クォンミー ... 268
チャンパ彫刻博物館 ... 270
クイニョン近郊の遺跡 ... 271
フンタン ... 272

目次★31

ビンラム	272
銀塔	272
銅塔	274
金塔	274
象牙塔	276
トゥーティエン	276
雁塔	278

ニャチャン近郊の遺跡 …… 280
ポー・ナガール	281
ホアライ	281
ポー・クロン・ガライ	284
ポー・ロメ	284
ポー・ハイ	286

バガン …… 287
バガンの歴史的背景	288
バガン遺跡地域の現状	289
アーナンダ寺院	290
タビィニュー寺院	290
タンドージャ大仏	292
タラバー門	292
シュエグージー寺院	292
ゴード・パリン寺院	292
マハーボディー・パゴダ	294
ブッパヤー・パゴダ	294
ペビィンチャウン・パゴダ	294
ピタカッタイ	294
ナツラウン・チャウン寺院	296
パトーダーミャー寺院	296
ミンガラーゼディー・パゴダ	296
グービャクジー寺院	298
ミンカバー・パゴダ	298
マヌーハ寺院	298
ナンパヤー寺院	300
アベーヤダナー寺院	300
ナガヨン寺院	300
パウドーム・パゴダ	304
セィンニェ・アマ寺院とセィンニェ・ニマ・パゴダ	304
ペッレイ・パゴダ	304
ローカナンダー・パゴダ	304
シュエサンドー・パゴダ	306
ローカティーンパン寺院	306
シィンピンターリャウン	306
ダマヤンジー寺院	308
スーラーマニ寺院	308
パヤトンズ寺院	310
タンブラ寺院	310

ナンダーマニャ寺院	310
ティーローミンロー寺院	312
ウパーリ・テェン	312
グービャクジー寺院	312
サパダ・パゴダ	314
シュエージーゴン・パゴダ	314
ダマヤジィカ・パゴダ	316

ジャワ … 317

ジャワの歴史的背景	318

ディエン高原遺跡群 … 320
ゲドン・ソンゴ遺跡群 … 322
ボロブドゥール遺跡 … 324

ボロブドゥール遺跡地域の現状	324
ボロブドゥール寺院	325
パウォン寺院	328
ムンドゥ寺院	328

プランバナン遺跡 … 331

プランバナン遺跡地域の現状	331
ロロ・ジョングラン寺院	332
カラサン寺院	332
サリ寺院	336
セウ寺院	336
プラオサン寺院	338
ラト・ボコ丘の宮殿跡	338
サンビサリ寺院	340

ソロ近郊の遺跡 … 341

スクー寺院	341
セト寺院	341

東部ジャワの遺跡 … 344

東部ジャワにある遺跡の現状	344
パナタラン寺院	345
スロウォノ寺院	347
ティゴワンギ寺院	347
ジャゴ寺院	348
キダール寺院	348
シンゴサリ寺院	350
ジャヴィ寺院	350

参考文献 … 352

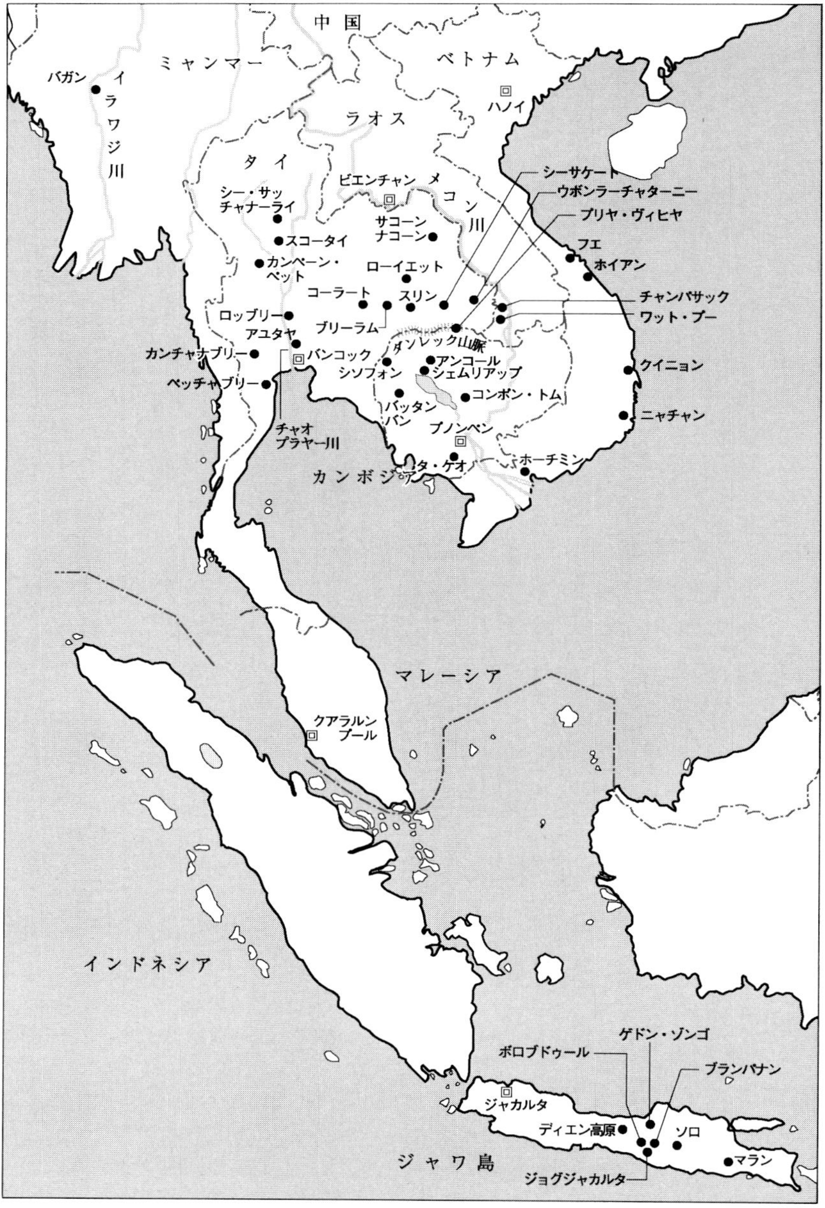

中国
ミャンマー
ベトナム
バガン
イラワジ川
ハノイ
ラオス
タイ
ビエンチャン
メコン川
シー・サッチャナーライ
サコーンナコーン
スコータイ
カンペーン・ペット
ローイエット
コーラート
スリン
ブリーラム
ロッブリー
アユタヤ
カンチャナブリー
バンコック
ペッチャブリー
チャオプラヤー川
シーサケート
ウボンラーチャターニー
プリヤ・ヴィヒヤ
フエ
ホイアン
チャンパサック
ワット・プー
ダンレック山脈
シソフォン
アンコール
シェムリアップ
クイニョン
コンポン・トム
バッタンバン
ニャチャン
プノンペン
タ・ケオ
ホーチミン
カンボジア
マレーシア
クアラルンプール
インドネシア
ゲドン・ゾンゴ
ボロブドゥール
プランバナン
ジャカルタ
ディエン高原
ソロ
マラン
ジャワ島
ジョグジャカルタ

用語解説

アイラーヴァタ …………… インドラ神の乗用する神象。普通の象の形か、3つの頭を持つ象で表される。

アガスティヤ聖仙 …………… 南インドの聖仙たちの指導者。

アスラ …………… 阿修羅。悪神。魔神。デーヴァ（神）と戦う。乳海撹拌の時は、アムリタを手に入れるため、神々と協力する。

アナンタ …………… ナーガ族の有力神。永遠の象徴である蛇。海中で休息するヴィシュヌ神は、この蛇の上に横たわっている。

アプサラス …………… 天界の水の精。飛天。大海を撹拌したとき泡の中から生まれたと言われる。

アルジュナ …………… マハーバーラタ物語に出てくる、パーンドゥ王のパーンダヴァと呼ばれる息子たちのひとり。学問武芸に秀でている。インドラ神の子とされる。

アルジュナ・ウィワーハ …… アルジュナを主人公にした物語。古ジャワ語で書かれている。

アムリタ …………… 不老不死の妙薬。甘露。

アンコール期 …………… 802年のアンコール王朝成立から13世紀初めまで。国家統一がなされていたため、彫刻類にも様式上の均一性が見られる。

アンコール・ワット様式 …… ［12世紀前半］アンコール・ワットが造営された時代の様式。多くは余白を残さないほど浮き彫り装飾が施されている。女神像の衣装や文様、髪型など様式化されつつも多様である。

インドラ …………… インド最古の聖典「リグ・ヴェーダ」の英雄神。雷や雨をつかさどる神様。神象アイラーヴァタに乗る姿で登場する。

ヴァスキー …………… ナーガ族の有力神で地底界の守護神。乳海撹拌の時は、マンダラ山に体を巻き付け、綱の役割をはた

	した。
ヴァリーン	ラーマーヤナ物語に登場する猿王。弟スグリーヴァの妻と王位を簒奪(さんだつ)したが、ラーマ王子に助けられた弟に殺されてしまう。2匹の猿が組み合う姿で、寺院の破風やまぐさ石に描かれている。
ヴィシュヌ	ヒンドゥー教の3大神のひとつ。宇宙の存在、維持、救済をつかさどる神様。神鷲ガルーダに乗った姿や、大蛇アナンタの上に横たわる姿で、表されることが多い。世の中が乱れた時、様々な物に化身して世を救済すると言われる。化身の数は一般的には10種類とされ、クリシュナ、ラーマ王子、仏陀なども含まれる。
ウマー	パールヴァティーとも呼ばれる、シヴァ神の神妃。美と愛をつかさどる。
カーラ	死の神。建物の入口を守る怪物。寺院の入口の上のまぐさ石(カンボジア)、寺院の入口や窓の上部(ジャワ)に彫刻されている。
カーリヤ	インドのヤムナー川に住む毒竜(蛇)。カーリヤのため付近の水は沸騰し、それを飲んだあらゆる動物は死んでしまったので、クリシュナによって退治される。
カイラーサ山	チベット西部に実在する、シヴァ神が住むと言われている山。ヒンドゥー教徒のみならず、チベット仏教徒にとっても聖地となっている。カイラス山。
過去27仏	釈迦以前に解脱(げだつ)して悟りを開いた27人の仏。過去仏の数え方は他にいくつかある。
ガネーシャ	シヴァ神の息子で富と知恵の神。象の頭と人の体を持ち、ネズミに乗っている。
ガルーダ	ヴィシュヌ神の乗用する神鷲。頭、翼、くちばし、爪は鷲。体は人間

	の姿で表され、ナーガの天敵。
環濠	寺院の周囲を囲む、水を湛えた掘。
カンサ	従妹の8番目の息子(クリシュナ)が自分を殺すという予言を聞いたカンサ王は、クリシュナを殺害しようとするが、成長したクリシュナに逆に殺されてしまう。
観音菩薩(観世音菩薩)	アヴァローキテーシュヴァラ(世界を見下ろす主)、ローケシュヴァラ(世界の主)はともに観音菩薩のこと。菩薩とはやがて仏陀になる人で、目下修行を積んでいるものの姿。観音菩薩は人々の災難を払い、様々な形に変化して衆生(しゅじょう)を救う慈悲の菩薩。大乗仏教のなかで人気のある尊格。
基壇	堂塔が建っている基礎部分。
経蔵(きょうぞう)	仏教経典を納めた建物。
キンナラ	上半身は人間、下半身は鳥の形をした、半人半鳥の音楽神。
クールマ	ヴィシュヌ神の2番目の化身。乳海撹拌の時、撹拌棒にしたマンダラ山を支えるため、亀のクールマに変身したヴィシュヌ神がマンダラ山の下に入った。
クリシュナ	ヴィシュヌ神の8番目の化身で、色黒で美貌の男神。知力、武勇にすぐれ、笛の名人。庶民に人気の神様。マハーバーラタ物語の付編ハリヴァンシャ物語の主人公。激しい嵐から牧童たちを守るため、ゴーヴァルダナ山を片手で持ち上げている姿、大蛇カーリヤと闘う姿でしばしば表される。
クリシュナ・ヤーナ	マハーバーラタ物語の付編ハリヴァンシャ物語をもとに、12世紀初頭、古ジャワ語で創作された叙事詩。
クンジャラカルナ物語	12世紀に東部ジャワでつくられた仏教説話。
降魔成道座像(ごうまじょうどうざぞう)	仏陀の座像のひとつの形。足の裏を見せる形で座禅を組み、左手は、

	へその前に手のひらを上に向けて置き、右手は、右膝から手のひらを伏せるように真っ直ぐ地面を指さしている。このしぐさは、大地が裂け悪魔が地下に吸い込まれていったことを示す。
コー・ケー様式	[10世紀前半] カンボジアの都を一時コー・ケーに移した変革期の様式。動きのある表現、躍動感のある彫像が特徴。
サンボール・プレイ・クック様式	[7世紀前半] プレ・アンコール期の様式のひとつ。彫刻は写実的で、巧みな肉付けがなされ、まぐさ石に彫られたアーチは直線ではなく波打っている。
シーター	ラーマーヤナ物語の主人公ラーマ王子の王妃。
シヴァ	ヒンドゥー教の3大神のひとつ。創造と破壊をつかさどる神様。踊っている姿や、牡牛ナンディンに乗り、しばしば神妃ウマーを伴っている姿で表されることが多い。生殖の象徴であるリンガはシヴァ神を表すものである。
祠堂	神々や仏、先祖を祀る建物。
ジャータカ物語	釈迦の前世による善行の物語(本生話)。釈迦がこの世で悟りを開くには、現世の修行だけでなく、前世での善行の積み重ねによるものという考えからつくられた。代表的なものにはマノハラ物語、シビ王本生話、サンブラー妃本生話がある。
釈迦八相図	釈迦の生涯に起こった様々な出来事のうち、重要な8つの出来事を描いたもの。
シンハ	獅子、ライオン。
スグリーヴァ	ラーマーヤナ物語に登場する猿王。兄ヴァリーンに王位と妻を奪われるが、ラーマ王子の助けによって復讐をはたす。2匹の猿が組み合う姿で、寺院の破風やまぐさ石に

	描かれている。
ストゥーパ	仏塔。もともとは茶毘に付した仏陀の遺骨を葬った墳墓のこと。
デーヴァ	神
デヴァター	女神。
ドヴァラパーラ	寺院や神殿の入口を守る門衛神。
ドゥルーガ女神	シヴァ神の神妃で、シヴァの破壊と殺戮の面を象徴する。
ナーガ	蛇の神。水の精。5つまたは7つのコブラの頭を持つ半神の姿でしばしば表される。テラスの欄干、まぐさ石、破風装飾によく使われる。また、とぐろを巻き鎌首を持ち上げた、ナーガ・ムチリンダの上に座す仏陀の像が、タイやカンボジアで信仰されている。
ナラシンハ	ヴィシュヌ神の4番目の化身で、獅子の頭に人の身体を持つ。
ナンディン	シヴァ神の乗用する牡牛。シヴァ神の人気に伴って聖牛として信仰されている。
偽窓	寺院の壁面や回廊に装飾のための窓や桟を彫り付けたり、窓枠風にけずった壁面の中に実物の桟を置いたもの。実際に窓を多用すると強度の面で問題がでてくるため。
乳海攪拌（にゅうかいかくはん）	大海をかき混ぜることによって生じるアムリタ（甘露）という不老不死の妙薬がある。これを手にいれるため、神々と阿修羅たちが協力して、ヴィシュヌ神の化身、大亀クールマの背中に大マンダラ山をのせ、それに大蛇ヴァスキーを巻き付け、大蛇を綱にして左右を引き合うことによって山を回転させ大海をかきまぜた（アンコール・ワットの回廊の解説参照＝77ページ）。
バーナ	クリシュナ神のことを書いたハリヴァンシャ物語に出てくる阿修羅。親友のアルジュナの妹をさらったバーナとクリシュナが戦い、バー

	ナは負けてしまう。
バケン様式	［10世紀前後］アンコール期の様式のひとつ。彫刻に動きがなく、冷やか、厳格なイメージ。プノン・バケン、プノン・クロムはこの時期の建造物。
バプーオン様式	［11世紀後半］アンコール期の様式のひとつ。穏やかさと優美さを兼ね備えた、簡素で自然な表現の彫像。当時アンコールと密接なつながりのあった東北タイに、この様式の寺院が多く残っている。
ハヌマーン	ラーマーヤナ物語の中で、ラーマ王子を助けて悪魔軍団と戦う猿軍団の将軍。
破風（はふ）	まぐさ石の上の、ほぼ三角形の部分。しばしば美しい彫刻で飾られている。妻飾りとも呼ばれる。
バライ	貯水池。
ハリヴァンシャ物語	古代インドの叙事詩。クリシュナ神の数奇な誕生から死までを、豊富な逸話を盛り込んで描いた物語。ヴィシュヌ神の化身とされるクリシュナは、特にカンボジアで好まれ、クメール建築の装飾として、しばしば描かれている。
ハリハラ	シヴァ神とヴィシュヌ神の合体神。ハリはヴィシュヌ神の、ハラはシヴァ神の異名。右半分がシヴァ神、左半分はヴィシュヌ神。
ハンサ	ブラフマー神の乗用する鷲鳥神。
布薩堂（ふさつどう）	僧侶が月に2回集まって罪の告白、懺悔を行なう場所。
仏陀	悟りを開いた者の意。釈迦は覚者。
仏伝図	釈迦の生涯の物語。釈迦が天界にいた頃から、この世に人として生まれ、悟りを開き、死ぬまでを描く。
ブラフマー	ヒンドゥー教の3大神のひとつで創造神だが、シヴァ神やヴィシュヌ神ほど人気はない。聖鳥ハンサに乗っている姿か、大蛇アナンタ

	の上に横たわるヴィシュヌ神のへそからのびる蓮華の上に座る姿で小さく表される。
プラーサート	タイ語で塔状の屋根を持つ宮殿や神殿のこと。
プラーン	クメール様式をとりいれてタイで作られた砲弾型またはトウモロコシ型の仏塔。
プレ・アンコール期	扶南(ふなん)から真臘(しんろう)の時代をさす。国が分裂していたため、独創的で多様な彫刻作品がめだつ。
プレイ・クメン様式	[7世紀後半] プレ・アンコール期の様式のひとつ。祠堂はレンガで造られ、まぐさ石に彫刻されたアーチの中央部は直線的に表されている。
壁がん(壁龕)	壁のくぼみ
マカラ	伝説の海獣。寺院のまぐさ石の装飾(カンボジア)、階段や排水口の装飾(ジャワ)に使われる。
マハーバーラタ物語	古代インドの叙事詩。北インド、バーラタ族の骨肉相争う一大決戦を描いた物語。親兄弟、朋友が、10万の軍勢カウラーヴァ軍と7万の軍勢パーンダヴァ軍に分かれ、戦う悲劇的な大戦争。多くが傷つき、倒れるが、最終的にパーンダヴァ軍の勝利に終わる。
まぐさ石(楣石)	建物の出入り口の上部に左右に渡された石材。
メール山	須弥山(しゅみせん)。世界の中心にあるとされる山で、山頂には神々が住んでいると言われる。
ヤクシャ	各地の森や樹木に住む精霊、悪神。仏教やヒンドゥー教にとりいれられてからは、守護神とされている。
夜摩天(やまてん)	冥界の支配者。閻魔大王(えんまだいおう)。人間の生前の行ないを見て、最後の審判を下す。
遊行仏(ゆぎょうぶつ)	タイのスコータイ王朝期に造られた独特の形の仏像。左足を1歩前に踏み出し、仏陀が諸地方を遊行

	する姿を表している。
ヨーニ	女性器をかたどったもの。リンガをのせる石の台座。
ラーヴァナ	ラーマーヤナ物語に登場する魔王。ラーマ王子の妃シーターを本拠地ランカー島に連れ去ったため、そこで妃を奪回に来たラーマ王子たちと戦いが繰り広げられる。結局、ラーヴァナは敗れてしまう。
ラーマヤーナ物語	古代インドの叙事詩。王妃シーターを魔王ラーヴァナに奪われたラーマ王子が、ハヌマーンを将とする猿軍の援助を受け、ランカー島に監禁された王妃を救出に向かう物語。古代インドの英雄ラーマ王子のスリランカ島征服に関する伝説をまとめている。カンボジア、インドネシア、タイなどに広く伝えられ、今日でもこれらの国々で仮面劇が上演されている。
ラーマ	ラーマーヤナ物語の主人公で、ヴィシュヌ神の7番目の化身。
ラクシュミー	ヴィシュヌ神の神妃。富と幸運をつかさどる。乳海撹拌の時に現れる。
ラテライト	タイやカンボジアで普通に見ることができる紅土。地中の柔らかい部分をブロック状に切り出し天日で乾かすと、鉄分が固まり硬質の石材になる。どこでも簡単に大量の石材が調達できるため、寺院の基壇などにひんぱんに用いられた。
螺髪（らほつ）	縮れて右に渦巻く巻貝の形をした頭髪。仏像に特有な形。
リンガ	男根をかたどった石柱で、シヴァ神の象徴。ムカリンガはリンガに王やシヴァ神の顔を描いたもの。
ローカパーラ	ヒンドゥー教の方位神。

カンボジア

CAMBODIA

カンボジアの歴史的背景

　紀元1世紀頃から、メコン・デルタを中心に、扶南(ふなん)という国が農業基盤を背景に交易を行なって栄えていた。扶南はメコン・デルタのオ・ケオを港とし、カンボジアのプノンペン南西にあったバ・プノンに都を置いていた。
　6世紀後半になると、ラオス南部に基盤を置いていたと言われる真臘(しんろう)が力を持ち、扶南の勢力下から抜けだした。このため扶南は、海により近いアンコール・ボレイに都を移したが、7世紀には真臘に併合されてしまった。
　真臘はコンポン・トムの北にあるサンボール・プレイ・クックに都を定めたが、8世紀には、陸真臘と水真臘に分裂することになる。そして、およそ100年にわたる分裂の間、ジャワやチャンパの攻撃を受け、さらに小国に分裂していったようである。
　8世紀末に、ジャワから帰還した水真臘の王子ジャヤヴァルマン2世は、乱れていた国内を統一し、802年シェムリアップの北にあるクレーン山で、シヴァ神と一体化する儀式を行なった。そして「ジャワからの独立」、「クメール諸王の中の王」を宣言し、アンコール王朝の初代王についた。しかし、未だ完全な統一は成されてなく、各地を転戦していたようである。
　その後、3代インドラヴァルマン1世は、ロリュオスに本格的都城を建設した。そして10世紀初めには、4代ヤショヴァルマン1世が都をアンコールの地に移した。一時的に、都はコー・ケーに移されたこともあったが、942年に9代ラジェンドラヴァルマンによってアンコールに都が戻されてからは、およそ500年にわたって、この地を中心にクメール文明が花開く。
　クメールの王位継承は実力主義だったため、しばしば王位をめぐる争いが起こった。さらに10世紀頃には、隣国チャンパとの争いが表面化し始める。クメール帝国は、力のある王が即位すれば強大化し、王の実力がなければ乱れ弱体化する、といったパターンを繰り返してきた。
　1113年には、18代スールヤヴァルマン2世が即位する。王は国内を統一し、ベトナムのチャンパや大越に遠征、タイのチャオプラヤー川まで勢力を伸ばした。そして、クメール民族の結晶とも言える壮大な石造建築アンコール・ワットを建設した。
　しかし、スールヤヴァルマン2世の死後またも国内は乱れ、ついにはチャム軍の侵攻により都は壊滅的打撃を受けた。この状況下、1181年に王位についたのは、21代ジャヤヴァルマン7世である。王は1190年に宿敵チャンパを打倒し、北はラオスのヴィエンチャン、西はタイのカンチャナブリーのムアン・シン、南はスラタニーのチャイヤーまでを帝国の範囲に加えた。こ

のジャヤヴァルマン7世の時代、帝国は最大の版図を誇ることになる。

　大乗仏教の信者だった王は、都アンコール・トムを造り、バイヨンやタ・プロームなど数々の巨大寺院を建てた。さらに交易路沿いには、人々のために、121の宿駅と102の施療院を配備した。

　ジャヤヴァルマン7世が死去すると、クメール帝国は急速に力を失い、それまで支配下にあった各民族が反乱を起こし、独立を画策しはじめた。その中でも帝国の北西部にいたタイ族が力をつけ、13世紀にスコータイの地で独立を果たしてしまう。

　14世紀には、中部タイのアユタヤによって、首都アンコールは2度にわたって攻略され、ついに1431年頃、都は陥落、多数のクメール族がアユタヤに連れ去られてしまった。クメール族は南に遷都したが、再び昔の力を取り戻すことはなかった。

プノンペン近郊の遺跡
PHNOM・PENH

首都プノンペンから日帰りできる範囲にも、いくつかの遺跡がある。今は遺跡に到る道もほとんど整備されているため、意外と楽にアクセスできる。プノンペンはホテル状況も良く、足を確保するのも簡単だ。可能な範囲はここを起点にまわりたい。

ワット・ノコール ★★
WAT・NOKOR

プノンペンから北東に約120km、メコン川の右岸にコンポン・チャム(KAMPONG CHAM)という町がある。その町外れに寺院は残されている。13世紀初め大乗仏教の寺院として建てられ、アンコール王朝が滅びた後も、流行の上座仏教をとりいれたため、現在も参拝者を集めている所だ。

　祠堂と経蔵のまわりを、4つの楼門を持つ回廊と高い塀で2重に囲んでいる。

　何度も改修されたようで、16世紀には、祠堂の上に小さな仏塔を乗せる形で建て直しが行なわれている。その時、四方の破風を飾るレリーフも新たに彫刻されたようだ。

　現在は祠堂の前に木造の今風の礼拝堂を付け加え、内部にカラフルな仏伝図が描かれている。広々とした寺院の周囲には、ラテライトで縁取られた幾つかの聖池や、新しい木造寺院が建てられていて、現在と過去のものが一体化している。女神像や、タイプの異なった破風レリーフも見ものだ。

■コンポン・チャムへのアクセス
❶プノンペン中央市場の西側からバスか乗り合いタクシーで(2～2.5時間)。
❷日本橋の北側から出ているスピードボート(7時出発)で約3時間。このボートはクラチェまで行き、翌日プノンペンに帰ってくるのだが、コンポン・チャムを通過するのは11時頃になる。そのため船だけで日帰りはできない。ボートで行き、車で帰ってくるのがお薦め。
■遺跡のまわり方
❶船でコンポン・チャムに到着した時は、バイクタクシーで数km西にある寺院に向かう。
❷バスか乗り合いタクシーで行く時は、町に入る数km手前の国道脇で下ろしてもらい、南へ約1km歩く。
■宿泊
プノンペンに泊まった方が全てが便利。しかし、メコン川の港町に泊まってみたいのなら、船着き場のすぐ前にホテル(10ドル程度)、近くの市場のまわりにゲストハウス(5ドル前後)がある。
■注意点
寺院からプノンペンに戻る時、国道で待っていても車を拾うことができるが、一度市場に戻って始発に乗った方が確実だ。
　寺院のまわりでは食事はできない。市場まで戻った方がいい。

ワット・ノコール

ワット・ノコール　西楼門の破風のレリーフ　観音菩薩像

ワット・ノコール★47

タ・プローム(トンレ・バッティ) ★★
TA・PROHM・OF・TONLE・BATI

　プノンペンから南へ約35km、トンレ・バッティ湖の近くにある。12〜13世紀のジャヤヴァルマン7世の治世に仏教寺院として建てられたものだが、その後も手が加えられたようで、レリーフには16世紀頃の様式のものも見られる。
　寺院はこぢんまりとしていて、祠堂と経蔵を回廊で囲む基本的な構成だ。回廊はラテライト製でレリーフなどはないが、祠堂の側壁や破風に女神像、観音菩薩像といった浮き彫りが描かれている。
　タ・プロームの北側の現代風寺院の境内にも、イェイ・プー(YEAY PEAU)と呼ばれる砂岩の小祠堂が1基残っていて、西側の破風にはヴィシュヌ神が彫り込まれている。
　首都プノンペンに近いため、週末にはすぐ側の湖に来る行楽客で賑わう寺院だが、やたらと老人の物乞いが多いのには閉口する。ゆっくりしたい時は、平日に訪れたい。

プノン・チソー ★★
PHNOM・CHISOR

　プノンペンの南約60km小高い丘の上に建つ。11世紀のスールヤヴァルマン1世時代のものだ。回廊には砂岩が用いられているが、内側の堂塔はレンガを多用している。かなり傷みが激しく、主祠堂の屋根にはトタンをかぶせてある。
　破風やまぐさ石に幾つかのレリーフが残るが、なによりも素晴らしいものはこの丘から東正面に見ることができる景色だ。眼下の急な階段の先に、第2、第1の楼門が続き、ヤシの木、林、貯水池、水田が地平線まで広がる。所々に丘があるのを除けば、真っ平らだ。ほとんどの参拝者は丘の南側から登るが、できれば迂回して、東側の旧参道から登っていただきたい。麓から丘の上まで続くラテライトの石段を登るのはきついが、登り切った時には、素晴らしい景色が待っている。週末には、タ・プロームと同じく、カンボジアの人々がピクニック感覚で訪れる所だ。

タ・プローム(トンレ・バッティ)

プノン・チソー　東側から楼門、本殿を望む。

プラサート・ネアン・クマウ ★
PRASAT・NEANG・KHMAU

　プノン・チソーの丘の近く、国道沿いの寺院の境内に建つ。レンガの祠堂が2基建つだけだが、本来はもう1基あったと思われる。なぜか、まぐさ石のレリーフは保存状態がいい。近年、隣接して真新しい本堂が建てられ、古い祠堂はのけ者にされている感じだ。

　何の変哲もない祠堂だが、ここから「黒い貴婦人」と呼ばれる、10世紀頃の頭部のない女人神が発見された。今はプノンペンの国立博物館に展示されているが、緑色をおびた砂岩の美しい像だ。

　未確認だが、祠堂内にフレスコ画が残されているらしい。他の遺跡に行ったついでに寄るといい。

プノンペン国立博物館　★★★

　王宮の北側に隣接し、フランス統治時代の1920年に創設された博物館。カンボジア全土から集められた逸品が展示されている。現在、彫像類は保護のため現場から撤去収蔵される傾向にある。シェムリアップの遺跡保存事務所に保存されている収蔵品が一般公開されていない現状では、この博物館はクメール彫刻の実物を楽しめる最高の場所だ。

　ライ王像、西メボンの青銅像、バンテアイ・スレイの破風や彫像、ジャヤヴァルマン7世像など、名品は数え上げればきりがない。プノンペンに行った時は、ぜひ寄っていただきたい。

■遺跡のまわり方
❶プノンペン中央市場の西側のバス・ターミナルから、タ・ケオ行きのバスに乗り、それぞれの遺跡にむかう分岐点で下ろしてもらう。トンレ・バッティとプノン・チソーへは、そこからバイク・タクシーを使う。プラサート・ネアン・クマウへは、下車後200mほど東へ歩く。
❷車やバイクをチャーターする。
❸レンタル・バイクを借りる。

■宿泊
プノンペン市内に、多数のランクの違うホテルがある。

■注意点
このエリアは治安面でも日中は問題ない。しかし道は狭く、様々な車やバイクが通り、マナーも悪いので、自分で運転する時は注意が必要だ。

プラサート・ネアン・クマウ

プノンペン南郊

◎ プノンペン

約30km

トンレ・バッティの
タ・プローム

入口は寺院の
絵の看板

2〜3km

約20km

プラサート・
ネアン・クマウ
そばに学校のある
寺院の境内

プノン・チソー

約1km

4〜5km

N

タ・ケオ

プノンペンから
来て2つ目の丘

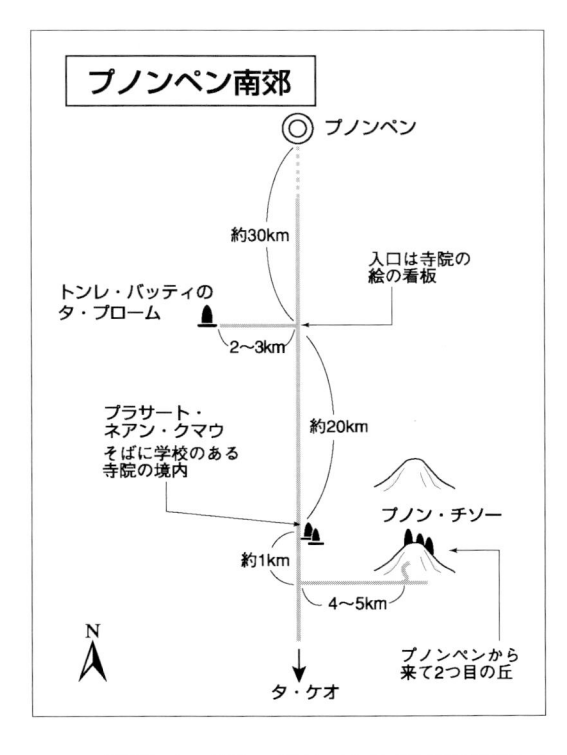

プラサート・ネアン・クマウ、プノンペン国立博物館

タ・ケオ近郊の遺跡
TA・KEO

プノン・ダー ★★
PHNOM・DA

カンボジア南部の町タ・ケオ（TA KEO）の東20km、見わたす限りの水田の中に丘が隆起している。この丘の数km北には、6世紀に扶南の都だったアンコール・ボレイがあり、今は川沿いの小さな港町になっている。

扶南時代聖山だったプノン・ダーの中腹には、幾つかの石窟があり、ここからプノンペン国立博物館を飾る数々の丸彫りの神像が発見された。11世紀に建てられた祠堂が頂に残っていて、西に連なるもう1つの丘の中腹には、アスラム・マハ・ルセイという6世紀の小さな石造りの建物がある。ここ出土のハリハラ神はパリのギメ東洋博物館に納められている。

頂からは直線的に伸びる水路、水田風景がのぞまれる。タ・ケオからこの丘に到る水田地帯の船旅は、魅力充分だ。

プノン・バヨン ★
PHNOM・BAYON

タ・ケオの南約30km、ベトナムの国境近くの山の上にある。岩の間に灌木が繁っている山だが、孤立した山ではなく、いくつもの小山が連なる。

頂上に7世紀頃に建てられたレンガの祠堂が1基建つ。麓から登るには30分はたっぷりかかる。途中、石窟らしきものがあり古来からの修行の場として、今も一部は使われている雰囲気だ。祠堂はプレ・アンコール期のもので、側壁には、サンボール・プレイ・クックに描かれている空中宮殿と同じ物が彫り込まれている。現在は内部に仏陀の絵が飾られていて、再び信者を集めはじめているようだ。

この山はかなりの高さがあるので、周囲の山、水田を一気に見わたせる。山の連なりを1km程東に行けば、さらに2基の崩れかけた祠堂を見ることができる。この山に到る道もひどい悪路で、かなりの体力が必要だ。僻地を訪れてみたい人向きだ。

ブノン・ダーのアスラム・マハ・ルセイ

ブノン・バヨン

■タ・ケオへのアクセス
プノンペン中央市場の西側から出ているバスでタ・ケオへ（約2時間）。

■遺跡のまわり方
●プノン・ダーへ
❶町中の記念塔のあるロータリーで下車（バスの終点は町外れの市場）、そこから北東に1kmほど行くと、船着き場につく。そこでモーター・ボートをチャーターする（片道30分）。
❷バイク・タクシーをチャーターすることもできる（片道1.5時間）。しかし乾期だけで、道以外も走る悪路。

●プノン・バヨンへ
タ・ケオでバイク・タクシーをチャーターする（片道約2時間）。しかし道は非常に悪く、ジャンプの連続で膝と尻が痛くなる。車は全くスピードが出せない。さらに山に登るのでかなり体力をつかう。

■宿泊
タ・ケオではロータリーの所と船着き場の近くにゲストハウスがあるが、プノンペンに泊まった方がいい。

■注意点
船着き場の警官はたちが悪く、観光客に絡んでくる場合があるが、プノン・ダーに行くのに許可証などは必要ない。
　警官の中には、因縁をつけて小遣いかせぎをしようとする輩がいる。今は、白昼人目のある所では、強引なことはしないので、あたりさわりなく無視した方がいい。

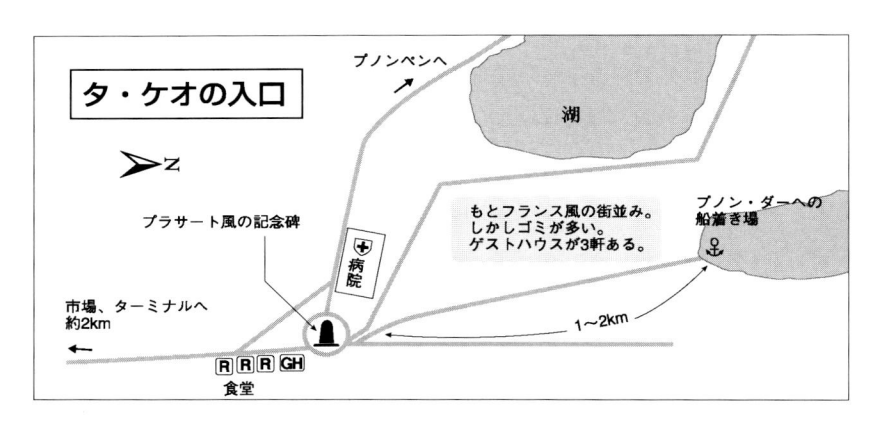

コンポン・トム近郊の遺跡

KAMPONG・THOM

コンポン・トムは、プノンペンとシェムリアップを結ぶ国道沿いでは最大の町だ。市場を中心に、せいぜい2～3階建ての家々が並ぶ。一応、ランクの違うホテルもあるので、この町を拠点に近郊の遺跡を巡ることもできる。しかし、英語があまり通じないし、足の確保は困難だ。

サンボール・プレイ・クック遺跡群　★★★★

SAMBOR・PREI・KUK

コンポン・トムの北西約35km、途中村々を結ぶ悪路を通って、やっとたどりつく。1993年に国連ボランティアの中田厚仁さんが狙撃されたのは、この遺跡のすぐ近くだ。

　ここは7世紀初め、真臘が水真臘と陸真臘に分裂するまでイーシャナ・プラという名の都を置いた場所である。ほぼ1km四方の敷地におよそ100以上の建造物があると言われるが、遺跡エリアは広く、整備されていないので、個人で全てをまわることは不可能だ。

　サンボールの建物は、ほとんどがレンガで造られていて、その大きさも、後のアンコール期のような巨大なものでなく、単体のお堂、塔といった建物が多い。

　特徴的なのは八角形の祠堂が多いこと、側壁に空中宮殿と呼ばれるレリーフが彫られていることだろう。遺跡は大きく3つのグループに分けられる。

　まずN群【北グループ】の中では、No.7の八角祠堂とNo.11の祠堂に空中宮殿がわりと残っている。N群と道を挟んで北側のNo.15は、遺跡の中では一番状態のいい空中宮殿のレリーフが残されている。No.17は砂岩の板で造られた箱形の小祠堂で、屋根の部分の側面に小さな人の顔が彫り込んである。No.18は祠堂が樹木の根に絡めとられつつある。チェックポストを入って、すぐ左に白い事務所のような建物の廃屋があるが、その軒下には6本のまぐさ石が置かれていて、その内2本は完全なものだ。

　C群【中央グループ】は、No.1の高い塔状祠堂が目立つ。このまぐさ石は模様だけの、まるで金属製品を思わせる独特のものだ。入口の左右に座っている2頭の獅子も、たてがみが立体的で、クメール彫刻では他に見たことがない。

　S群【南グループ】には、八角祠堂が多く見られる。No.7とNo.10には比較的レリーフが残っている。中央のNo.1は長方形のどっしりした祠堂だ。No.2はレンガの小さな祠堂だが、内部に

方形の石板を4本の柱で支えた形の建物がある。石板の側面には、N群のNo.17と同じく、人物の顔が彫刻されている。南群を囲む、埋まっていたレンガ塀の一部が掘り返されていて、西門の内側には、レリーフを見ることができる。

　これら以外にも寺院は散在しているが、全く人気がなく、治安のことや、もしかしたらあるかもしれない地雷のことを考えると、個人で見て歩くのは躊躇してしまう。周囲の木々には巨木は見あたらず、森の中というより見通しのきく林という感じだ。以前は巨木がはえ、動物たちがいたのだが、木々は伐採され、動物たちは内戦中に逃げ出してしまったという。一般観光客は訪れることもなく、プノンペン在住の白人たちが休日に訪れている程度だ。地元の警官が小遣いをせびりに来るのがうっとうしい。

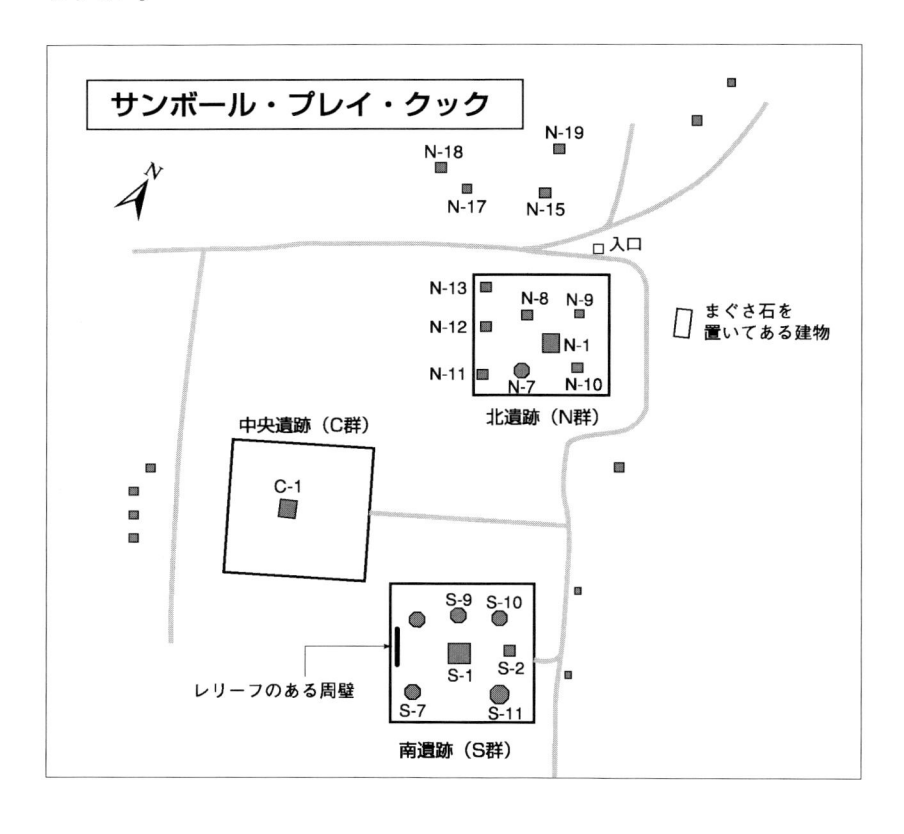

サンボール・プレイ・クック　N-15

サンボール・プレイ・クック　N-15　空中宮殿と呼ばれているレリーフ

サンボール・プレイ・クック　C-1　まぐさ石

サンボール・プレイ・クック　C-1　入口を守る獅子

サンボール・プレイ・クック　S-11　八角祠堂

プラサート・アンデット ★
PRASAT・ANDET

コンポン・トムの西30km、今風のクメール寺院の境内にある。木々に囲まれた高台の上に1基のレンガの祠堂が建ち、隣接して東側には、40年程前に造られた上座仏教の本堂がある。祠堂の上にはトタンがのせられ、あまり大切にされているようではないが、内部に仏像が祀られ、今も信仰を集めている。アンデットの名を有名にしているのは、ここから発見されたハリハラ神のおかげだ。孤高の戦士のようなこの神像は、現在プノンペンの国立博物館に展示されている。8世紀初めのものだ。

プラサート・ロッカー ★★
PRASAT・ROKKER

コンポン・トムの東南約10kmの所にある。村の中のちょっとした広場に、小さな砂岩の祠堂が建っている。この祠堂が面白いのは、南面のまぐさ石はプレ・アンコール期の物だが、北面にはアンコール期のまぐさ石がはめ込まれていることだ。1つの建物に数百年の年代差を持つまぐさ石を飾っているのは、非常に珍しい。さらに3つに分かれた石碑、1本のアンコール期と、3本分のプレ・アンコール期のまぐさ石が、祠堂の内部や周辺に置かれている。

　おそらく、プレ・アンコール期にレンガの祠堂が建てられ、それが1度崩壊した後、アンコール期に入って建て直されたものと思われる。村人はこの遺跡をただの石としか思っておらず、全く気にとめていない。まぐさ石や石碑は、簡単に持ち出されてしまいそうだ。

クック・ノコール ★
KUK・NOKOR

コンポン・トムからプノンペン方面に60〜70km行った所にある。祠堂、経蔵、楼門がすべてラテライトで造られている小さな遺跡だ。11世紀のものだと村人は言うが、フランス統治時代に修復されたのだろうか、石材の接着面など緻密で、古さは感じられない。まぐさ石にはインドラ神が彫られているが、稚拙で、横に立て掛けてある壊れた彫刻の方がよほど素晴らしい。

　境内には植木や花が植えられていて、村人がこの遺跡を大切にしているのがわかる。感想ノートまで置いてあった。公園のような遺跡にはたいてい興味が失せるのだが、ここの遺跡を管理してる人たちには、頭がさがる。

プラサート・アンデット

プラサート・ロッカー

クック・ノコール

■コンポン・トムへのアクセス
プノンペンの中央市場近くのターミナルから、ミニ・バスやピックアップ・トラックでコンポン・トムへ（北に約160km、約3時間）。

■遺跡のまわり方
❶コンポン・トムの町でバイク・タクシーをチャーターする。
●サンボール・プレイ・クック（片道約1.5時間悪路）
●プラサート・アンデット（約1時間）
●プラサート・ロッカー（約30分）
クック・ノコールへはプノンペンから車で来る途中、下車し、バイク・タクシーで行く。約2km。
❷プノンペンで車をチャーターする。

■宿泊
小さな町の中心に、市場と国道をはさんで車のターミナルがあり、そのまわりにホテルとゲストハウスがある。観光客はほとんど泊まっていない。

■注意点
❶サンボール遺跡へ行く時の注意
サンボールの遺跡エリアに入る時、記帳とお布施？を求められるが、1ドル程度で充分。さらに地元の警官が小遣いをせびりに来るが（お金をもらうまで付いてくる。英語は通じない）、道案内として雇って、1ドル以下を渡すだけでいい。意味なく金を渡すと、どんどんエスカレートする。
　遺跡では飲み物ぐらいしか手に入らない。まず地雷とかはないと思うが、へんな所へは行かない方がいい。雨期にはとても近づける道ではない。
❷このエリアでの注意
英語はほとんど通用しない。治安はまず問題ないと思うが、現在は政治的テロがなくなった代わりに、銃器を使った金銭目当ての強盗が増えてきた。アンコールのようなドル箱観光地は、警官も多く、質もまずまずだが、地方はよくない。そのことを頭に入れて行動したい。

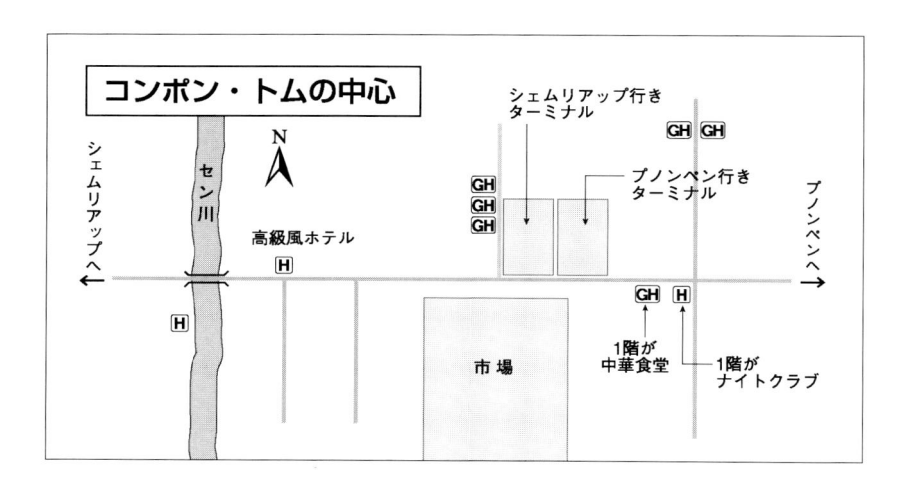

アンコール地域の遺跡群
ANGKOR

　アジアのみならず、世界有数の一大遺跡群だ。シェムリアップの北約5kmにあるアンコール・ワットをはじめとして、およそ10km平方のエリアに大小多数の寺院が点在する。広大な寺域、巨大な建造物、建物を埋め尽くす無数のレリーフ、どれを取り上げてみても他に類例がない。それらを絶えず、熱帯の樹木が覆い尽くそうとしている。駆け足で見ても3日は必要だ。
　カンボジアにはつきものの治安や地雷の問題も、この地域についてはほとんど心配がない。起点になるシェムリアップの町には、あらゆるランクのホテルがそろっていて、全く不自由しない。遺跡をまわる足も、予算に応じて、いろんなタイプを簡単に調達できる。言葉の問題もなく、まず片言の英語はどこでも通用する。入場料が高いのが玉にキズだが、日の出前から日没後まで自由に見学できる。

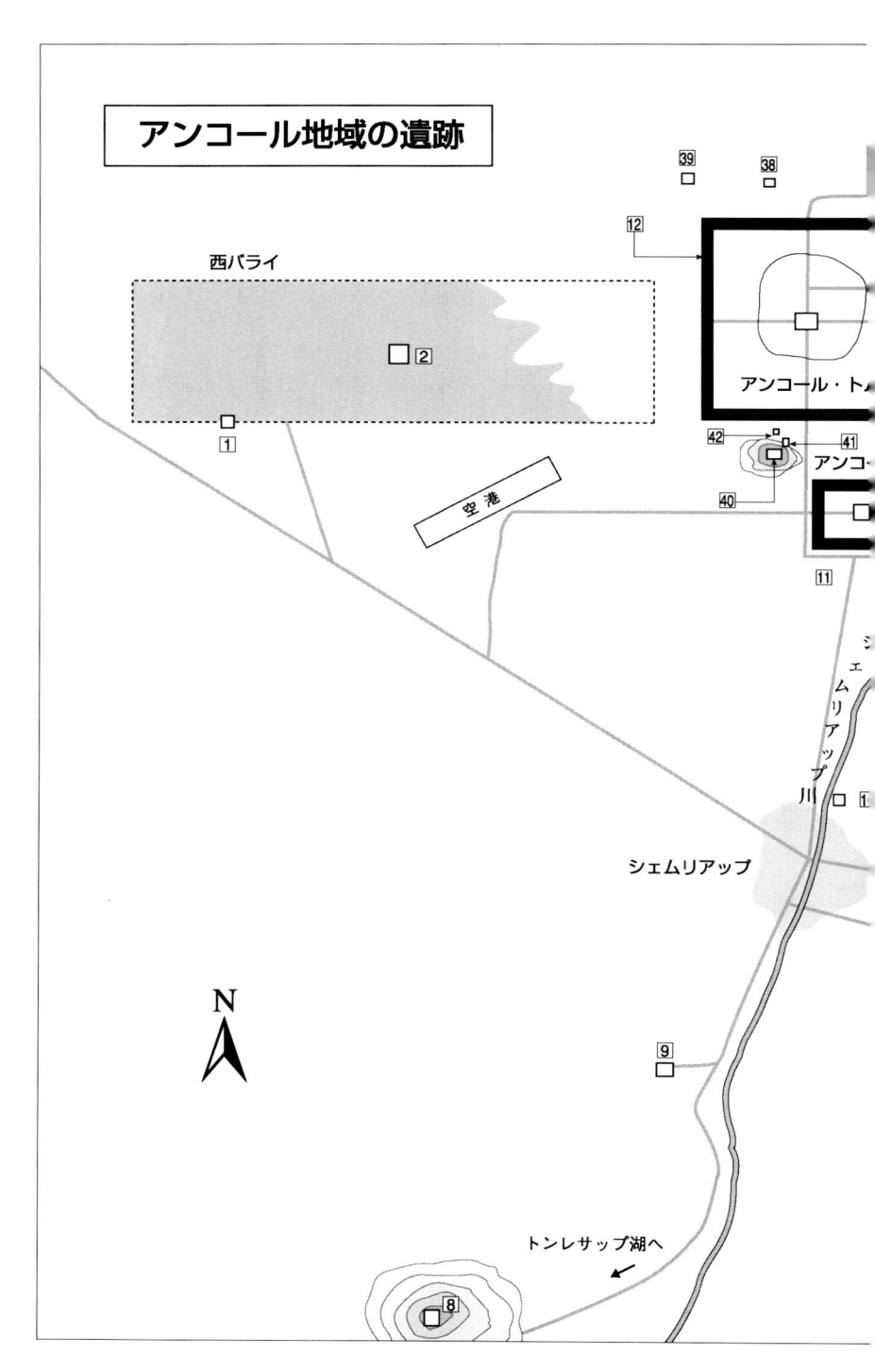

アンコール地域の遺跡

西バライ

空港

シェムリアップ川

シェムリアップ

アンコール・ト

アンコ

トンレサップ湖へ

N

64★カンボジア

↑ バンテアイ・スレイへ
43

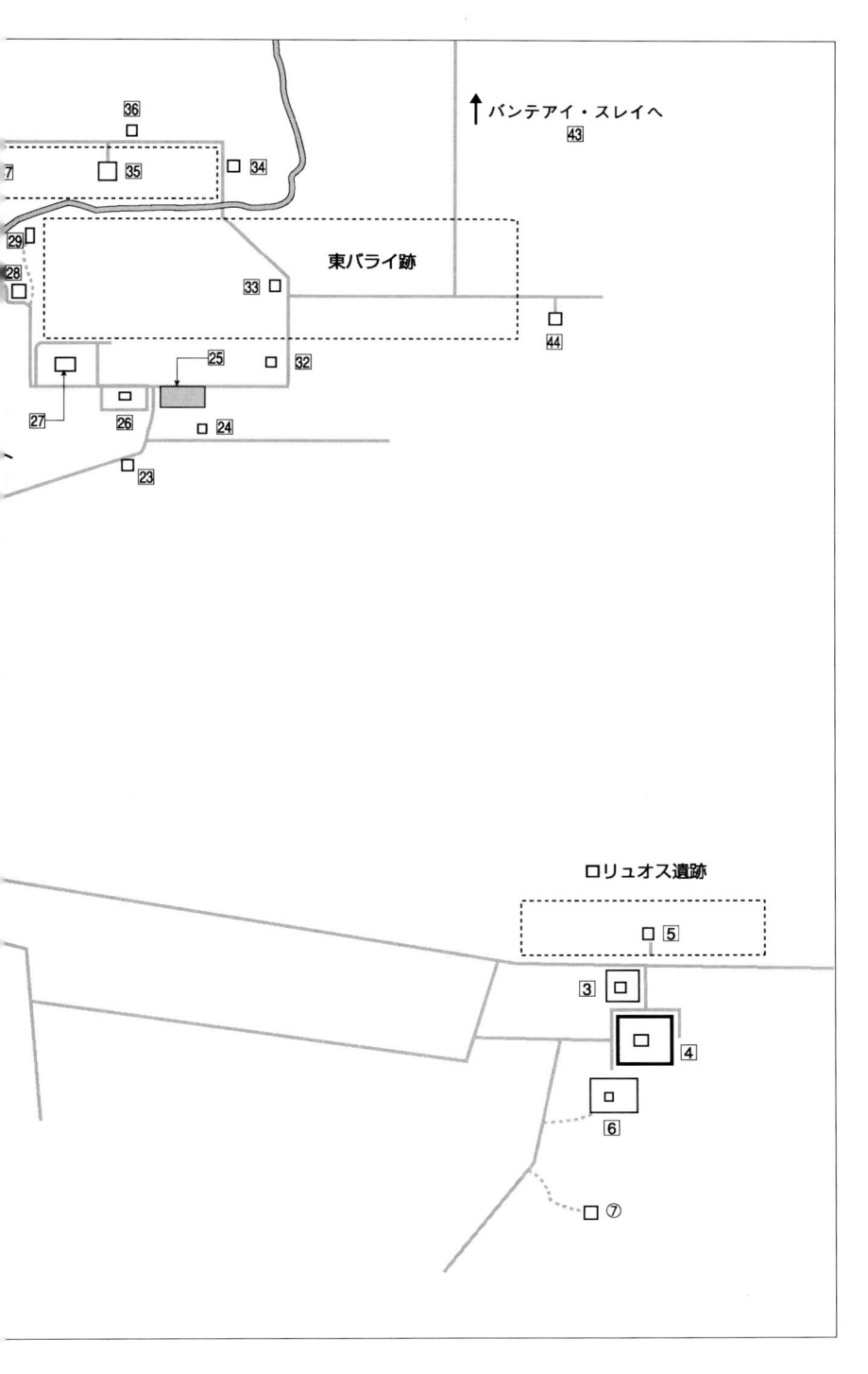

36
35
34
7
東バライ跡
29
28
33
44
25
32
27 26
24
23

ロリュオス遺跡
5
3
4
6
⑦

アンコール地域の遺跡群★65

1 アク・ヨム ★
AK・YUM

7世紀に造られた、アンコール地域では一番古いレンガ造りのピラミッド型寺院。西バライの南堤防にあり、境内の半分以上はバライを造る時に埋められてしまった。今は、基壇を除いて、崩壊してしまっている。文様を彫り込んだ石片などを見ることができるが、荒れ果てている。西バライに来ることがあれば、寄ってもいい。

2 西メボン ★
WEST・MEBON

11世紀半ば、ウダヤーディティヤヴァルマン2世が、干上がってしまった東バライの代わりに、西バライを建設した。そして、この東西8km南北2.2kmの大貯水池の中央の小島に、西メボン寺院を建設した。

現在は回廊の一部が残るだけだが、この島から、2mを超す巨大な青銅のヴィシュヌ神の、上半身が発見された。今は、プノンペンの国立博物館に展示されている。

西バライは現在も豊かな水をたたえ、水田の灌漑用水として利用されている。島に渡る小舟は簡単にチャーターできる。

3 プリヤ・コー ★★★
PREA・KO

シェムリアップから東へ15km、ロリュオス遺跡群の中の1つ。3代インドラヴァルマン1世が、祖先の霊を慰めるために879年に建立したもの。プリヤ・コーとは「聖なる牛」を意味する。

基壇の上、前に3基、後ろに3基のレンガの祠堂が建ち、それを2重の塀でかこんでいる。東西の楼門は崩れてしまっている。

砂岩でできたまぐさ石、入口の左右の柱には、美しい装飾が施されている。特に前列3基の祠堂のまぐさ石は、比較的保存状態がいい。アンコール期の建物としては、最古のものだが、まぐさ石はすでに様式化され完成したものを感じさせる。

壁には漆喰の彫刻の一部が残って、創建当時の華やかさが想像できる。基本的にクメール建築はシンメトリックに造られるが、ここの6基の祠堂は配置に偏りがある、なぜだろうか？

アク・ヨム

西メボン

プリヤ・コー

4 バコン ★★★
BAKONG

プリヤ・コーの南数百mにある。周囲に壕をめぐらした、砂岩のピラミッド型大型寺院だ。3代インドラヴァルマン1世が、881年に国家寺院として建立した。

東正面入口の左右にはナーガの欄干が置かれているが、胴体を地面に付けた形で造られている。まだ様式化されていない初期の形だ。

5層の基壇とその上の祠堂は、メール山を形どったもので、中央の祠堂に比べて基壇が大きいため、どっしりした安定感を感じる。5層目の壁には一面にレリーフが施されていたが、ほとんどは摩滅、失われてしまった。なぜか、南面東側に阿修羅を描いたパネルが1枚だけ残っている。

基壇のまわりには、8基のレンガの祠堂塔が建てられているが、これらはシヴァ神の8つの姿を象徴したものと言われる。

バコンの壕の外にも、草木に埋もれてはいるが、幾つものレンガの祠堂が建てられている。寺院は高い台地の上に建てられているので、この環壕に囲まれた広い台地自体がすでに巨大なピラミッドの基壇のようだ。

5 ロ・レイ ★★
LO・LEI

今は干上がってしまった、インドラタターカという大貯水池の中央に建てられた寺院。893年に4代ヤショヴァルマン1世が、祖先を祀るために建立した。

昔の船着き場の階段が、今は寺院の入口だ。2基はかなり崩壊しているが、4基のレンガ造りの祠堂が残っている。入口には碑文が彫り込まれていて、壁がんには砂岩の女神像、門衛像ドヴァラパーラがはめ込まれている。

前列左側の北面、後列右側の東面、後列左側の北面のまぐさ石のレリーフは保存状態がいい。4基の祠堂の間にある十字型の水を流すための砂岩の溝は、ヒンドゥーの儀式に使用されたと思われる。訪れる観光客の数が少ないためか、もの売りの子供たちがいっせいに集まってきてたいへんだ。

バコン

バコン　ナーガの欄干

ロ・レイ

6 プラサート・プレイ・モンティー ★
PRASAT・PREI・MONTI

9世紀、インドラタターカから導入された水は、プリヤ・コー、バコン、プレイ・モンティーの環壕を経て、南部の水田を潤していた。創建当時は広い寺域と壕を持っていたと思われるが、現在は上部の崩れた3基の祠堂が、樹林に埋もれている。地面に置かれたまぐさ石に、わずかに神々の彫刻が認められる。

ここに到る道も人がやっと通れる小道で、誰も訪れることのない、土に戻ろうとしている遺跡だ。

7 プラサート・トラピエン・ポン ★
PRASAT・TRAPEANG・PHONG

プレイ・モンティーのさらに南、一面の水田の中にある。道はなく、乾期に田んぼを歩いて近づくしかない。9世紀頃のレンガ造りの祠堂が1基建つ。当初は現存の祠堂のまわりに、何基かの祠堂が建っていたようで、それと思われる基壇跡が残っている。

まぐさ石は、中央にカーラ、左右にマカラをあしらったもので、同じデザインのものが三方にはめ込まれている。女神像の表面に化粧漆喰の一部が残っているのが、かえって痛々しい。開けた水田風景の中、広い境内にぽつんと建つ祠堂のまわりは、時の止まったような異空間を感じさせる。

8 プノン・クロム ★★
PHNOM・KROM

トンレ・サップ湖の北岸に位置する、アンコール3山の1つプノン・クロム山。その山上に、9世紀の終わりから10世紀にかけて造られた3基の祠堂が建っている。ヴィシュヌ(北側)、シヴァ(中央)、ブラフマー(南側)の3神を祀ったものだ。

砂岩で造られた祠堂は、オノで切りつけたような縦割れの珍しい形で、風化が進んでいる。表面の装飾も今はほとんど剥落してしまった。

ここに立って四方を眺めると、南に巨大な湖、三方には林と水田、集落が広がり、さらに北の方には森の中に遺跡が点在する旧都が遠望できる。雨期、乾期の水位増減がはげしい湖と、アンコール地域の関わり合いを、一目で見ることができる場所だ。

プラサート・プレイ・モンティー

プラサート・トラピエン・ポン

プノン・クロム

プラサート・プレイ・モンティー、プラサート・トラピエン・ポン、プノン・クロム★71

9 ワット・アトベア ★
WAT・ATVEA

シェムリアップとトンレ・サップ湖を結ぶ街道沿いにある寺院。12世紀のスールヤヴァルマン2世の治世に建てられたようだ。アンコール・ワットに参拝するため湖を船に乗ってやって来た人々が、この寺院に寄った後にアンコール・ワットに向かったと伝えられる。

　正面が東を向いているクメール寺院の中では、珍しく西向きだ。砂岩の寺院は、アンコール・ワットの塔を思わせる祠堂と、2つの経蔵を持っている。祠堂内部の柱には女神像が彫られていて、現在も特別な行事の時にはこの祠堂が使用される。まだ遺跡にはなっていない、シェムリアップの名刹だ。

10 プラサート・プレイ・エンコシー ★
PRASAT・PREI・EINKOSI

シェムリアップの町中にある寺院。968年インドからやって来て、王女と結婚したバラモンが建立した。現在レンガの祠堂が2基残っているのみだ。

　まぐさ石のレリーフは後の世に作り直されたと思われる。アンコール期のものに比べると、技量は数段劣る。王が建立した寺院ではない点で注目されるが、建物に魅力はない。

ワット・アトベア

プラサート・プレイ・エンコシー

11 アンコール・ワット ★★★★
ANGKOR・WAT

　シェムリアップの北約5km、樹間に忽然と塔の先端が見えてくる。高さ65mの中央塔を持つアンコール・ワットだ。東西1500m南北1300mの壕に囲まれた広大な敷地に、3重の回廊、5基の高塔祠堂が建つ世界有数の巨大寺院。

　12世紀の初めスールヤヴァルマン2世によって建てられた、現人神(あらひとがみ)の王自身とヴィシュヌ神を祀る寺院で、5基の塔は世界の中心にあると言われるメール山を表し、回廊はヒマラヤの山々を、環壕は大海を象徴している。

　西側正面入口から190mの壕にかかる橋を渡ると、3つの入口を持つ大門に到る。中央の入口は、そのまま石畳の参道が本殿まで続き、左右の入口は象や馬車などの荷車の出入りに使われたと思われる。

　門をくぐると、一気に寺院の全貌が見えてくる。一直線に伸びた参道の左右に経蔵と聖池を配し、正面に中央祠堂の堂塔がシンメトリックに建ち並ぶ。

　およそ350mの参道を歩くと、一段と高くなったテラスを経て、第1回廊にたどりつく。この760mに及ぶ回廊の壁面には、インドの古代叙事詩、王の軍団の行進、天国と地獄、乳海攪拌、神々の戦いといった、神話と歴史に題材をとった素晴らしいレリーフが一面にビッシリと描き込まれている。壁画の下部から上部にかけて、近景から遠景へと描き分けている。

　第1回廊から十字型の中回廊を経て第2回廊に登ると、眼前に急な階段が上層に向かって続き、そこには5基の祠堂がそびえている。いよいよここからは神の世界、階段も普通に登るにはあまりに急で、ごく一部の限られた人しか登れなかったと思われる。現在正面西側から登ることは禁止されていて、一番楽に登ることができるのは、南側の手すりのついた階段だ。

　上に登ると一気に視界が広がり、樹海に囲まれたアンコール・ワットが、左右対称に造られていることがいやでもわかる。

　中央祠堂の四面には、後世になって持ち込まれた仏像が安置され、カンボジア人の信仰を集めている。第2、第3回廊に置かれている仏像も、すべて後世のものだ。

　また境内のいたる所で見ることができる多くの女神像は、あるものは1体だけで、あるものは3体4体と群れをなし、微笑み、語り合っているようだ。その衣装の模様や髪型、装飾品まで細かく彫り込まれていて、個性的で、見ていて飽きない。

　このアンコール・ワットを造ったクメール人たちは、まるで余白の空間を恐れるように、あらゆる所に彫刻を施している。回廊のレリーフ、壁面の女神像はもちろんだが、寺院の柱、屋

根、破風、基壇にいたるまで、びっしりと神々の彫刻、模様で埋め尽くされている。この過剰とも思われるほど装飾にこだわるエネルギーは、いったいどこから来たのだろうか。

　アンコールの都は15世紀に放棄されたが、アンコール・ワットはヒンドゥーの寺院から上座仏教の寺院に変わっていき、それによって人々の信仰を集め続けた。

　16世紀には、カンボジアの王たちによって、未完のままだった第1回廊北東部分のレリーフが完成された。

　17世紀までは近隣アジアの各地からの参拝者を迎えいれていて、日本人の森本右近太夫がここを祇園精舎と思い訪れたのも、この頃である。

　その後は地元の人々により細々と信仰されていただけだったが、1860年フランス人アンリ・ムオがここを訪れ、その旅行記を発表してから、再び外部の人間の注目を浴びるようになった。

アンコール・ワット

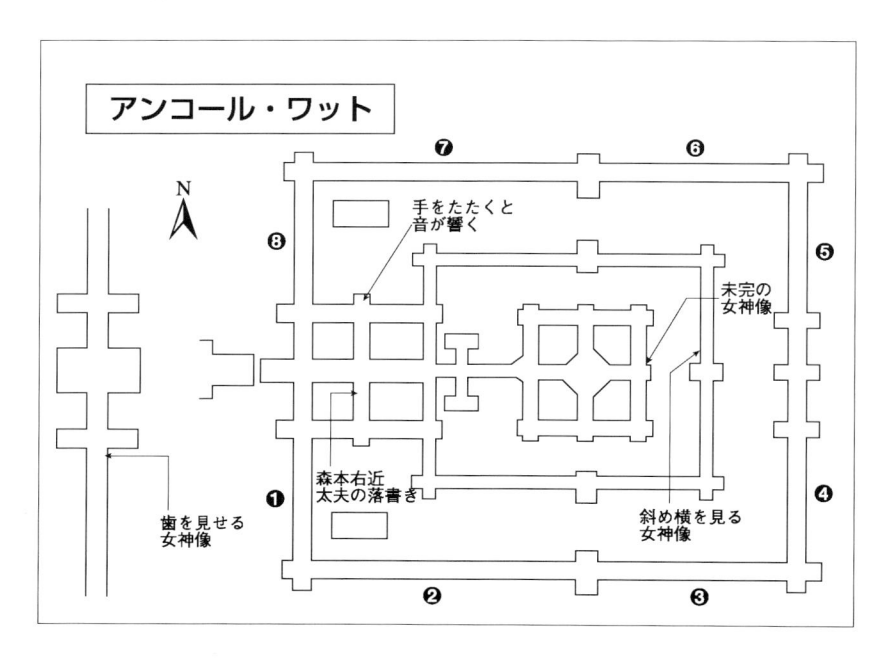

アンコール・ワット

- 手をたたくと音が響く
- 未完の女神像
- 森本右近太夫の落書き
- 斜め横を見る女神像
- 歯を見せる女神像

76★カンボジア

❶インドの叙事詩マハーバーラタ物語のハイライト、カウラーヴァ軍とパーンダヴァ軍の戦闘場面を描いたレリーフ。左から進軍してくるのはカウラーヴァ軍、右から進軍してくるのはパーンダヴァ軍である。左端から5m程の上部に、無数の矢を受けて横たわる人物は、死をむかえるカウラーヴァ軍の指揮官ビーシュマ。左右から整然とやって来た両軍が、壁面中央で激突、乱戦に入って行く様子が描かれている。

❷ここは歴史回廊として有名な場所。左から10mほどの場所の上段に、王座に座り指示を与えるスールヤヴァルマン2世が描かれている。そこから右側には王直属の軍団の行進が続く。象に乗るのは指揮官で、彼らの位は掲げられた日傘の数で表されている。軍団のほぼ中央部で、15本もの日傘を背後に象の上に立ち上がって指揮をとっているのは、行軍中の王自身の姿。右端の軍団先鋒には、シャム人の外人部隊が行進している。他の軍団とはコスチュームも違うが、後ろを振り返り話をしながら行進している様は、異質の雰囲気を持っている。

❸天国と地獄。上下3段に分かれ、下段は地獄図、上部2段は王の家族や従者たちが列をつくって、壁面中央の最後の審判をつかさどる夜摩天（やまてん）の所に向かっている。18本の腕を持ち、牡牛に乗った夜摩天の前を通り過ぎると、ある者は中段から地獄へ落とされ、ある者は上段に向かい、ここから天国と地獄の2段になる。回廊のこの部分の天井には、復元された天井がはめ込まれている。

❹乳海撹拌の図。ヒンドゥー神話の1つで、クメール人が好んだモチーフ。寺院の破風やまぐさ石にしばしば描かれている。神々と阿修羅が、不老不死の妙薬アムリタを手に入れるため、協力して大海をかき混ぜている。ヴィシュヌの化身、大亀クールマの背中に大マンダラ山をのせ、それに大蛇ヴァスキーを巻き付け、神々と阿修羅が大蛇を引っ張ることにより、撹拌を行なっている。壁面下部には、大海がかき混ぜられたためにズタズタになった様々な魚やワニが描かれている。左側は阿修羅で、右側は神々だ。中央には大亀にのったヴィシュヌ神が、上部には海水の泡から生まれたアプサラスが踊っている姿がある。

❺ヴィシュヌ神と阿修羅の戦い。ここの壁面は16世紀になって造られたもので、今までのレリーフと比べると、同じクメール人が造ったとは思えないほど稚拙なものだ。力量の差が歴然としている。

❻ヴィシュヌ神の化身クリシュナと怪物バーナの戦い。これも16世紀に描かれたもの。火炎や雲が壁面に描かれているが、中国の影響を強く受けている。回廊の中央出入り口近くに、クリシュナ神と並んでガネーシャが、それらと向き合う形で羅漢様のようなシヴァ神が彫り込まれている。

❼阿修羅と戦うヒンドゥーの神々。神々はそれぞれのお定まりの聖獣、聖鳥に乗り、阿修羅軍と戦っている。

❽ラーマ王子を助ける猿軍団と魔王ラーヴァナ軍の大会戦。無数の猿と悪魔軍が、三つ巴の戦いを演じている。猿は噛みつき、引っ掻き、壁面を飛び跳ねている。壁面中央に猿軍の将ハヌマーンに乗った姿で描かれているのは、ラーマ王子だ。

アンコール・ワット　第1回廊西北隅のレリーフ

アンコール・ワット　中央高塔主祠堂東側の女神像

アンコール・ワット　第2回廊内側の女神像

12 アンコール・トム ★★★
ANKOR・TOM

　12世紀末から13世紀初めにかけて、チャンパ軍を打ち破り、国土を回復したジャヤヴァルマン7世が造った都城。一辺3kmの正方形で、四方の門と、東側に勝利の門を加えた5つの門を持っている。

　城壁は高さ8m幅3mのラテライトで造られていて、四隅にはプラサート・チュルンという小寺が造られている。外壁のまわりを幅130mの環壕で囲み、都城の中心には、多数の四面仏を持つバイヨン寺院を配置している。高さ23mの5つの門の上からは、巨大な観音菩薩の顔が見下ろし、両脇には3つの頭を持つ象の上にインドラ神が乗って城門を守護している。

　それぞれの門の前には、左右に神々と阿修羅の列が大蛇の胴体を抱えて並んでいる。これは乳海撹拌を彫像化したものだ。バイヨン寺院は世界の中心メール山を、城壁はヒマラヤの霊峰を、環壕は大海を象徴している。

　城内には、ジャヤヴァルマン7世時代に造られた寺院のほかに、以前からあった古い寺院も残されていて、現在、寺院の周辺を除き、一帯は樹木に占領されたままジャングルと化している。5つの門のうち、東門の死者の門は傷みが激しい。門前の乳海撹拌の彫刻も、南門前のもの以外は崩れたままだ。

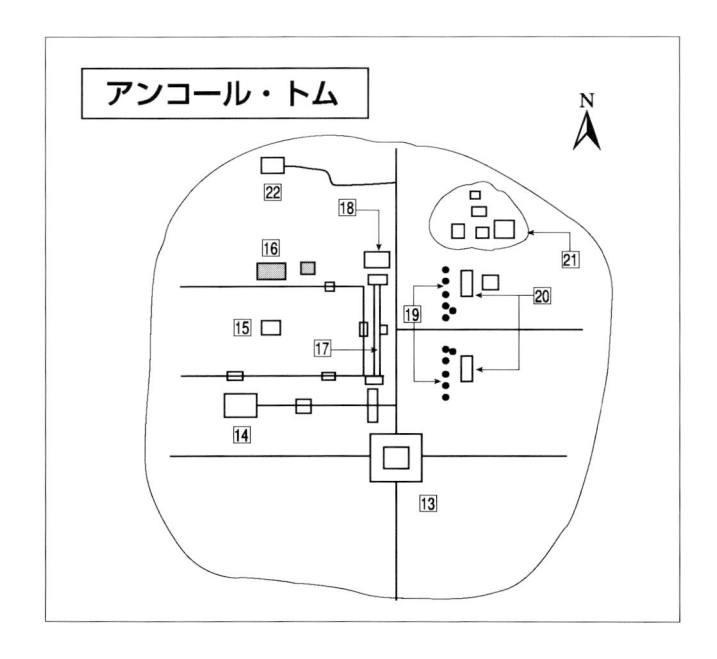

アンコール・トム　南門全景

アンコール・トム　南門の観音菩薩像の顔

13 バイヨン ★★★★
BAYON

　アンコール・トムの中心に位置する仏教寺院。ジャヤヴァルマン7世によって、12世紀末から13世紀にかけて建てられた。大小林立する塔の四方に、観音菩薩の巨大な顔が刻みこまれている。その顔の表情は1つ1つ異なっていて、独特の雰囲気を醸し出している。

　壁面には女神像が彫られているが、数多くのジャヤヴァルマン7世が建立した寺院の中でも、ここのものはずば抜けて素晴らしい。この寺院も途中で設計変更がなされたらしく、完成した破風のレリーフを石で塞いでいる場所が見うけられる。

　堂塔をつなぐように第2回廊、その外を囲むように第1回廊が造られているが、それらの側壁に、彫りの深いレリーフが彫り込まれている。第1回廊は、壁面いっぱいに、宿敵チャンパとの戦闘シーン、宮廷の生活、市場や舟を使った漁の様子など、人々の生活風俗を描いている。第2回廊にはヒンドゥーの神々や神話を彫り込んである。

　第2回廊を東側から入って、暗い通路を中心に向かって歩いて行くと、井戸に達する。クメール建築の中で、建物内に井戸があるのはここだけだ。

　王の死後起こった宗教間の争いによって、この寺院も傷つけられたり、改修されたりした。そういった部分が目につく。1933年には、寺院の地下からバラバラにされた仏像が発見された。

　バイヨンには、午前中、多くの観光客が訪れる。ざっと歩いて見るだけでも1時間は必要だ。レリーフをじっくり見ていけば時間はいくらあっても足りない。静かにゆっくり見学するのには、夕暮れ時が一番だ。観音菩薩の表情も、時とともに変化していく。

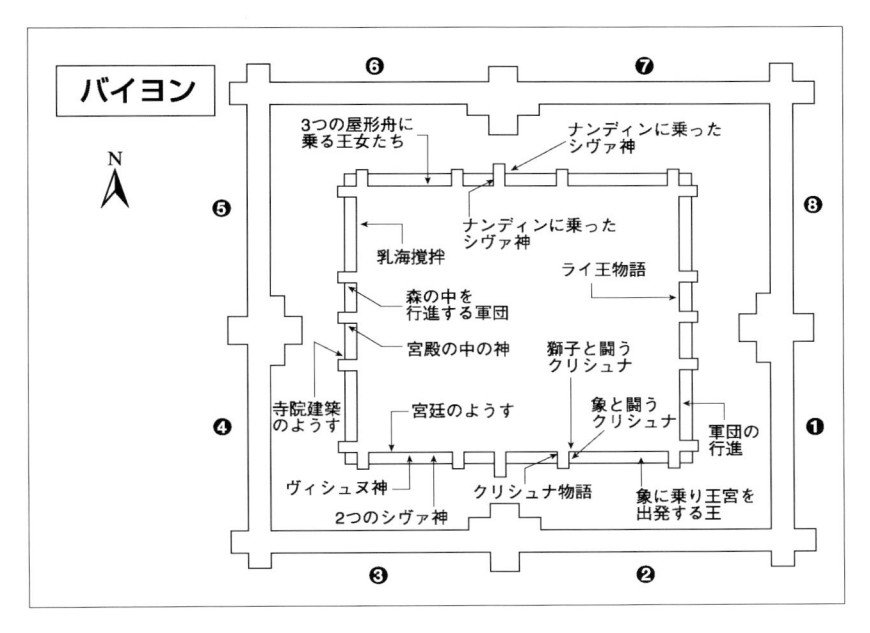

```
           ❻         ❼
┌─────────────────────────────┐
│ バイヨン                      │
│                              │
│                              │
│   N     3つの屋形舟に  ナンディンに乗った
│   ↑     乗る王女たち   シヴァ神
│ ❺                          ❽
│         ナンディンに乗った
│         シヴァ神
│         乳海攪拌        ライ王物語
│         森の中を
│         行進する軍団
│         宮殿の中の神  獅子と闘う
│                       クリシュナ
│ ❹ 寺院建築                         ❶
│    のようす  宮廷のようす  象と闘う
│                           クリシュナ  軍団の
│                                      行進
│         ヴィシュヌ神  クリシュナ物語
│         2つのシヴァ神   象に乗り王宮を
│                         出発する王
└─────────────────────────────┘
           ❸         ❷
```

❶ 森の中を進軍するクメール軍団。士気を鼓舞するため、のぼりを立てドラを鳴らし踊りながら進行している一団がいる。象に乗った指揮官の前後は、槍や楯を持った兵士がかためている。その後を、牛車に食糧をのせた補給部隊、女子供がいっしょに歩く。中段に描かれている木につながれた水牛は、生け贄に捧げられるためのものだ。

❷ クメール軍とチャンパ軍の戦いと、人々の日常生活。両軍がトンレ・サップ湖上で激突しているシーンが、細かく描写されている。頭に兜のようなものを被っているのはチャンパ軍。傷いたり戦死した者は、湖に住むワニに食われている。下部には市場のにぎわい、有名な闘鶏闘犬の図もここにある。上部には宮廷内の様子、森の中の戦闘も描かれている。左端には石工が作業をしていて、その右側では補給部隊が調理をしている。

❸ 象軍団の行進と戦闘場面。

❹ 象軍の戦いと王宮内の様子。中央上部には、討ち取った敵将の首を掲げるシーンがある。右側上部には、建築現場で指揮をとる、腹の出た親方の図、下部には、虎に追われて木によじ登るバラモンの滑稽な絵が彫り込まれている。

❺ クメール軍の行進または撤退。象に乗り弓矢を持った王の図が描かれている。デッサンだけで終わっている未完の部分もある。中央出入り口に近い下段に、ヤギを飲み込む巨大魚の絵がある。

❻ 戦争の図と曲芸師の図。曲芸師が、頭と両手に子供を乗せている。左上には、日本の相撲を取っているようなシーンがある。左端下部には宮廷の庭に飼われていたシカ、ウサギ、鳥などの姿が浮き彫りにされている。

❼ クメール軍が負けているシーン。破損がひどい状態だ。

❽ クメール軍とチャム軍の乱戦図。クメール軍は左から、たすきがけに褌すがたで、チャンパ軍は右から、頭に兜をかぶって進んでくる。お互い、象をともない、激しい白兵戦を演じている。躍動感溢れる浮き彫りだ。

バイヨン　観音菩薩像

バイヨン　全景

バイヨン　観音菩薩像

14　バプーオン　★★★
BAPHUON

11世紀半ば、ウダヤーディティヤヴァルマン2世が、先祖の霊を弔うために建立したヒンドゥー教の菩提寺。バイヨンの北隣、王宮の南に位置する。

　東楼門から本殿までは、高さ1mの円柱で支えられた約200mの参道が続く。本殿は5層の基壇を持つ巨大ピラミッド型の寺院だ。最上階の上には高い祠堂が建っていたが、完全に崩壊している。基壇初層には回廊があったのだが、16世紀に仏教徒によって破壊され、寺院の西面に造る寝釈迦の石材にされてしまった。その寝釈迦は未完のまま西側に眠っている。

　2層目の回廊は残っていて、四方の門はラーマーヤナやマハーバーラタ物語のレリーフで飾られている。

　現在フランス・チームによる大規模な修復作業が続けられていて、本殿の一般見学はできない。基壇のまわりには、これから組み立てられる番号をつけた無数の石材が並べられている。周辺の散策は問題ないので、間近に遺跡修復の現場を見ることができる。2002年には完成するそうだ。

15　ピミアナカス　★★
PHIMEANAKAS

10世紀末ジャヤヴァルマン5世により建立が始められ、11世紀スールヤヴァルマン1世により今の形になった。3層のラテライト基壇の上に小さな回廊、その中心に祠堂を持つピラミッド形式の寺院がある。

　13世紀末にカンボジアを訪れた中国人、周達観の『真臘風土記』には、「王は毎晩必ずこの場所で、最初に土地の主で9つの頭を持つ蛇の精の化身と交わらなければ災いがおこる」という言い伝えを記している。

　ピミアナカスは、メール山を擬したプノン・バケン(112ページ)に代わる王宮内寺院だ。プノン・バケンに比べると、こぢんまりとした寺院になっている。

バプーオン

ピミアナカス

16 男池・女池 ★

ピミアナカスの北に、砂岩で縁取られた長方形の大小2つの池がある。大きい方の池は男池と呼ばれ、岸に砂岩を階段状に積み上げ、そこに魚、鳥、ナーガ、ワニ、男・女神像といったモチーフを無数に描いている。昔は宮廷の人々の沐浴場だったが、今は子供たちの水浴場と化している。

17 象のテラス ★★
TERRACE・OF・THE・ELEPHANTS

王宮前広場に面して長さ350m、高さ3.5m～4mの堂々たるテラスがある。その壁面には象がずらりと浮き彫りにされている。さまざまなポーズをとって、勝手に右や左を向いた彫刻は、実際にそこに象の大群がいるようだ。

　テラスの北端は2重の壁になっていて、内側の壁面に、5つの頭を持つ神馬、象の鼻で遊ぶ子供、剣を持つ戦士が描かれている。12世紀末ジャヤヴァルマン7世の建立。

18 ライ王のテラス ★★★
TERRACE・OF・THE・LEPER・KING

象のテラスの北側に、高さ6mの2重の壁を持つライ王のテラスがある。これもジャヤヴァルマン7世が建立したものだ。テラスの上部には、ライ王像と呼ばれる高さ1mの座像が置かれている。口ひげを生やし、裸身で片膝をたてた独特のものだ。ここにあるのはレプリカで、本物はプノンペンの国立博物館の内庭に安置されている。

　テラスの外壁と内壁に多数のレリーフが彫り込まれているが、1910年代まで内壁は土砂に埋もれていたため、内側のレリーフは保存状態がいい。南出入り口の足もとには各々の乗り物にまたがった神々が描かれ、内部に入ると女神像、男神像が4段にわたって彫刻されている。中には未完成のものもあり、作業の過程がわかっておもしろい。

　北出入り口には宮廷生活が描かれ、待女の脇には剣を呑み込む奇術師のレリーフがある。その並びに、魚やワニといった水生生物の浮き彫りもある。外壁のレリーフは摩滅が激しいが、一部綺麗に残っている場所もある。これは、同じ砂岩でも種類によって硬度に差があるためだ。

男池のレリーフ

象のテラス

ライ王のテラス　内壁のレリーフ

19 プラサート・スール・プラット ★
PRASAT・SUOR・PRAT

王宮前広場の東に建つ12基の独立した塔。勝利の門に向かう道をはさんで、南北に6基ずつ建っている。12世紀の終わり頃、ジャヤヴァルマン7世によって造られた。カンボジア正月に、塔の間に綱をわたし、その上を踊り子に綱渡りをさせたということから「綱渡りの踊り子の塔」と言われている。13世紀の周達観は、これらの塔が裁判に利用されたと記している。現在、日本チームが修復作業を行なっている。塔に西日が当たる頃が美しい。

20 クリヤン ★
KHLEANG

10世紀末〜11世紀初めにかけて、スール・プラットのすぐ東に、南北に分かれて造られた寺院。その名の通り、長方形の倉庫(クリヤン)のような建物である。
　北側の建物の東には、塀に囲まれた小さな寺院がある。上部のなくなった祠堂と左右に経蔵を配した形だ。今は崩れ落ちた破風を地面に置いている。かなり摩滅しているが、細かい彫刻が施されていて、創建当時の素晴らしさが容易に想像できる。

21 プリヤ・ピトゥ ★★
PREAH・PITHU

北クリヤンのさらに北側に、お互い関連性のない5つの寺院群がある。ほとんどのものは、12世紀に建てられたと思われる。
　第1の聖殿は、5つの寺院の中では南西に位置する。境内には、中央の祠堂を除いて、足の踏み場もない程石材が並べられている。元々寺院を構成していた石材で、人物像や模様のレリーフを施されたものが多い。ひとつひとつ丹念に見ていけば、意外に面白いものに出会う。祠堂上部西側の階段には、乳海撹拌のレリーフが置かれている。
　東隣には第2聖殿がある。ここの境内にも、レリーフの施された破風やまぐさ石が置かれている。祠堂西側のまぐさ石にはシヴァ神が、北側には乳海撹拌のレリーフがある。
　第3聖殿は、第2聖殿のさらに東に位置し、5つの中では一番大きい祠堂を持つ仏教寺院だ。祠堂の内側に仏座像が彫り込まれている。仏像の白毫(仏の眉間にあるという白い巻き毛。仏像では玉をはめこむ)の形から、シャムの占領時代に建立または改修されたようだ。

プラサート・スール・プラット

北クリヤンの寺院

プリヤ・ピトゥ　第Ⅰ聖殿

第4の聖殿は第2聖殿の北側、掘跡をはさんで建っている。特にこれといったレリーフはないが、祠堂の表面の細かい模様、人物を並べてデザイン化したものが描かれている。

第5聖殿は第4聖殿の北隣、破風にクリシュナやヴィシュヌの彫刻が施されている。この建物は信者の休憩所のような造りで、他のピラミッド風建築とは異なる。

なお、第1聖殿の西にあるナーガをあしらったテラスは、その美しさで知られていたが、今は無惨な姿をさらしている。

この遺跡では、他の観光客に出会ったことがない。時間に余裕があれば寄ってもいい。

22 プリヤ・パリライ ★★
PREAH・PALILAY

12世紀前半に建てられた仏教寺院。この寺院は、美しいナーガの欄干が残っていることで有名だ。楼門の四方にも、釈迦の涅槃(ね)像、座像、説話の一場面といったレリーフが彫り込まれている。祠堂の下部は砂岩を用い、上部はレンガを積み上げて造っているが、かなり傷みが激しく、崩壊しそうだ。周囲には、彫刻の施された石材が並べられている。

23 プラサート・クラヴァン ★★★
PRASAT・KRAVAN

921年、数人の高官により、ヴィシュヌ神に捧げるため建立された寺院。5基のレンガの祠堂が南北に並んでいる。1960年代に修復が完了しているが、あえて現存しない部分は復元しなかった。そのため中央祠堂を除いては、高さはほとんど3m程しかない。

北の祠堂の内部にはヴィシュヌ神の妻ラクシュミーが、中央の内部にはヴィシュヌ神の3つの姿が、直接レンガに彫刻されている。ここのように大きなレンガの神像の浮き彫りが残されている例はほかにない。この寺院の修復作業の目的はこれらレリーフの保存だったようだ。建物の外観はさして魅力がない。

プリヤ・パリライ

プラサート・クラヴァン

24 バッチュム ★★
BAT・CHUM

仏教徒であり、東メボンの建設の指揮をしたと言われる高官カヴィーンドラーリマタナが953年に建立した最初の仏教寺院として知られる。レンガ造りの3基の祠堂が建っていて、入口に彫り込まれた碑文は、美しい状態で残っている。一般の見学ルートからは外れ、これといった特徴もなく、影が薄い。

25 スラ・スラン ★
SRA・SRANG

10世紀に造られ、12世紀末ジャヤヴァルマン7世の治下、改修工事がなされた東西700m南北350mの貯水池。西側に造られたテラスは、クメール獅子に三方を守らせ、水中に向かう階段を造り、ナーガを配した欄干を持っている。昼間はスラ・スラン村の子供たちのかっこうの遊び場になっている。

26 バンテアイ・クディー ★★★
BANTEAY・KDEI

スラ・スランの西、広大な敷地をラテライトの塀でかこんだ仏教寺院。12世紀から13世紀にかけて造られた。外壁の四方を固める楼門には、四面仏が彫り込まれている。東楼門の次に現れる、テラスを前面に配した第2の楼門は、3ヵ所に出入り口を持つが、正面の破風には宮廷内のラーマ王子とシーターが、左側の破風には仏陀と思われる座像の下に身を投げ出す王らしき人物が描かれている。

　中央には3塔3列並ぶ形で9つの祠堂が建っていて、それらをつないで田の字型に回廊が造られている。中央列北側の祠堂の南面破風は、後に造られた回廊に一部を覆い隠されている。これは、この寺院が今の形になるまで幾度か設計の変更があったことを示す。祠堂は、もともと独立していたようだ。

　境内は手入れがよく行き届いているが、他の古い建物の石材を一部転用して使ったためか、傷んだ場所が目立ち、荒れた感じは否めない。反面、風化した独特の雰囲気を持つ女神像も多く見つけることができる。

　この寺院では、ごく最近まで、女神像の顔が盗難にあっていた。その削られた跡には、盗難にあった日付が書き込まれている。

バッチュム

スラ・スラン　西側のテラス

バンテアイ・クディー

バッチュム、スラ・スラン、バンテアイ・クディー

27 タ・プローム ★★★★
TA・PROHM

　1186年、ジャヤヴァルマン7世が母の菩提を弔うために建立した仏教寺院。東西1000m南北600mのラテライトで囲まれた外塀を持つ。

　外壁の四方の楼門には、四面仏が彫り込まれている。北門は、最近になって近づけるようになったが、木の根が絡まっていておもしろい。

　寺院は3重の回廊を持ち、9つの祠堂、楼門、小祠堂などが回廊によって結ばれ、複雑な構成になっている。内部は迷路のようで、ひとりで歩いているとしばしば崩れた回廊に行き先を塞がれ、どこを歩いているか分からなくなる。

　この寺院は、あえてフランスが発見当時の状態を保存するため、樹木の除去や積み直しなどの修復工事を行なわなかった。そのため、巨木が寺院の屋根を覆い尽くし飲み込む光景を、あちらこちらで見ることができる。ジャングルの緑に侵され朽ち果てようとする、廃墟のイメージ通りの遺跡だ。

　しかし、それは絶えず、遺跡破壊の危険をはらんでいる。石の寺院に根を下ろした樹木は、その大きさに比して根本がしっかりしてなく、豪雨や強風の時に倒れてしまう。その時、木の根に絡め取られた部分は崩れ、さらに倒れた木は他の建物を破壊してしまう。それは今も続いていて、私自身、祠堂のレリーフを打ち砕いたすぐ後の現場を目撃したことがある。一見、自然の中に溶け込んでいるように見える遺跡だが、実は絶えず自然に破壊されつつある人工建造物だ。

　細かい装飾模様、破風やまぐさ石のレリーフが、いたる所に彫刻されているが、崩壊が進んでいるので、完全な姿のものを探すのは難しい。しかし女神像は、意外に多数彫り込まれているので、独特の表情をした素晴らしいものに幾つか出会うことができる。

　インコがこの森に住み着いているのか、しばしば大きな群れに出くわす。アンコールの遺跡の中では、アンコール・ワット、バイヨンに並ぶ人気の寺院だ。

タ・プローム

タ・プローム　女神像

タ・プローム　北門の観音菩薩

タ・プローム★99

28 タ・ケオ ★★★
TA・KEO

10世紀末ジャヤヴァルマン5世によって建設が始められたが、王の突然の死とその後の内乱によって未完のまま終わってしまった。建材は主に砂岩を用い、5層の基壇からなる堂々としたピラミッド型寺院で、見るものを威圧させる力を持っている。

　クメール建築の中で、この寺院が初めて回廊を用いた。建設が途中で中断されたため、彫刻が施されてなく、かえって建築の過程を知るための貴重な情報を与えてくれる結果になった。

　遺跡巡りの途中、ピラミッドの上で風にふかれながらしばし休息するにはちょうどいい。タ・ケオの西側、道路の向こうに小さな砂岩の祠堂が見える。これは、13世紀前後にジャヤヴァルマン7世が整備した施療院のひとつである。

29 タ・ネイ ★★★
TA・NEI

タ・ケオの北、森の中に細々と続く小道をしばらく行くと、右手に現れる。道中全く人気がなく、やや不安を感じる。12世紀終わり、ジャヤヴァルマン7世によって建てられた仏教寺院。一応、除草などの手入れはされているが、訪れる人がいないので、ジャングルに埋もれた感じがする。

　中心の祠堂と経蔵を回廊で囲む中型の平地寺院だが、まだあまり手が付けられてなく、主祠堂のまわりは崩れた石材の山だ。

　東楼門の東側には蓮の上に立つ菩薩像が、南楼門の北側には宮廷の中で祝福を受ける2人の子供の像が、北楼門の南側には騎馬の人物像とツバメの浮き彫りが破風を飾っている。祠堂の北側にも船の中央に立つ人物(王?)とそれに幾つもの傘をさしかける人々を描いた破風がある。

　これら破風のレリーフと寺院の側壁に彫られた女神像が見どころの寺院だ。人気(ひとけ)がないためか、いまだに盗掘を試みる輩がいるようで、切り出しかけの石板が置かれていた。

タ・ケオ

タ・ネイ

タ・ネイ　騎馬人物像（破風）

30 トムマノン ★★★
TOMMANON

勝利の門の東、12世紀前半のスールヤヴァルマン2世の治世に建てられた寺院。10年以上にわたった修復工事が完了していて、小さいながら整った印象を受ける。高さ2.5mの基壇の上に、祠堂が拝殿を接続した形で建てられている。離れて木立越しに見ると、東北タイのピマーイを連想させる。

　経蔵、東西の楼門ともに破風のレリーフがよく残されているが、この寺院は女神像が美しいことで有名だ。祠堂の壁面の女神像は、深く彫り込まれていて、整った顔立ちをしている。ポーズはワンパターンで様式化されているが、優美なものだ。南側の女神像の保存状態がいい。

31 チャウ・サイ・テヴォダ ★★
CHAU・SAY・TEVODA

トムマノンと道路をはさんで南側にあり、同じスールヤヴァルマン2世の治世に建てられた。経蔵は2つに増やされているが、寺院様式、構成ともにトムマノンに似ている。こちらの方が少し後の時代に建てられたと思われる。修復は施されていないので、傷みが激しい。

　ここも見どころは壁面の女神像で、トムマノンに比べてより動きが感じられ、顔の表情も個性があり、自由に表現されている。中国の修復チームが工事を始めている。

32 プレ・ループ ★★★
PRE・RUP

東メボンの南1.5km、961年にラジェンドラヴァルマンが建てたピラミッド型寺院。東メボンと同じ様式の寺院だが、基壇の前に6基のレンガの祠堂を建てるなど、より大がかりな建築だ。

　まぐさ石などの彫刻は、摩滅していてあまり見るべきものはないが、女神像の化粧漆喰はいくらか残っている。特に南西隅の祠堂の女神像は、顔の表情や衣装の感じをつかむことができる。しかし漆喰が浮き上がっていて、皮膚病患者のように見えるのにはあわれを感じる。レンガの壁の表面にあけられている穴は、漆喰のくいつきを良くするためのものだ。

　初層基壇の中央テラスに、石造りの長方形のおけがある。ここで死者を荼毘に付し、その時行なった儀式をプレ・ループ（身体を裏返す）と呼び、それがこの寺院の名称になったと言い伝えられている。レンガを使った巨大寺院の最後の建築だ。

トムマノン

チャウ・サイ・テヴォダ

プレ・ループ

トムマノン　女神像

プリヤ・カーン　外壁を飾るガルーダ（110ページ）

33 東メボン ★★★
EAST・MEBON

952年ラジェンドラヴァルマンが、大貯水池、東バライの中央に祖先の霊を弔うために建立した。ラテライトの3層の基壇の上に5基のレンガ造りの祠堂が建つピラミッド型寺院。かつて水が満々と湛えられていた頃、人々は舟に乗ってここを訪れていた。

初層と2層の基壇の隅には、四方を見下ろすように、まる彫りの象が置かれているが、残念ながら体のあちこちに落書きがされている。祠堂の表面を覆っていた化粧漆喰ははげ落ち、壁面に彫られていた女神像もすでに表情がわからなくなっている。

祠堂や楼門のまぐさ石はちゃんと残っている物が多く、ひとつひとつ見ていくとおもしろい。一番上の層の正・副祠堂、2層目北側の小祠堂の物がいい。

34 タ・ソム ★★
TA・SOM

東メボンの北西、ニャック・ポアンの東に位置する。ジャヤヴァルマン7世の治世に建てられた仏教寺院。東西には四面仏を持つ楼門がある。回廊に囲まれて主祠堂と経蔵が建っているが、崩壊が著しく、女神像を除いてレリーフの類はあまり残されていない。

古い写真では、西の楼門の四面仏を覆い尽くすように木の根が張り付いているのを見るが、今はすべて取り除かれている。しかし、東楼門は四面仏こそ難を逃れているが、東側入口は一面木の根に絡め取られている。破風のレリーフは、根と根の間から辛うじて一部を見ることができるだけだ。

東メボン　中央部

タ・ソム　東門

35 ニャック・ポアン ★★★
NEAK・PEAN

プリヤ・カーンの東、今は干上がっている貯水池ジャヤターカの中心に位置するこの寺院は、12世紀終わり、ジャヤヴァルマン7世が施療院として建てた仏教寺院である。一辺70mの正方形の人造池の中央に、円形の基壇を持つ祠堂を造り、さらに四方に27mの正方形の小池を配置している。

　大きな池は病を直す水を湛えていると言われている伝説のアナヴァタープタ湖を象徴したもので、4つの小池はその湖を源とする4本の川を表している。

　中央の基壇には2匹のナーガが巻きつき、祠堂の3面には観音菩薩が浮き彫りにされている。「絡みあう蛇」を意味するニャック・ポアンの名は、この2匹のナーガからつけられた。

　中央の基壇の東にある、馬とすがりつく人々の彫刻は、観音菩薩の化身、神馬ヴァラーハが鬼の住む島から旅人を救いだすシーンを表したものだ。

　4つの小池には建物が付けられていて、破風には観音菩薩を崇める人々の様々なレリーフが彫り込まれている。内部にはそれぞれ象、ライオン、人物、牛の頭部が彫刻されていて、その口を通して中央の池の水を小池に導いていたようだ。

　実際に、多くの病人がここを訪れ、病を癒していた言われている。従来のクメール建築とは異なった役割を果たしていた、特異な建造物だ。雨期には池は水で溢れんばかりになるが、4月頃の乾期の終わりには干上がってしまう。その時々によって印象はガラリと変わってしまう。

36 プラサート・クロル・コー ★
PRASAT・KROL・KO

12世紀末、ジャヤヴァルマン7世によって建てられた小さな仏教寺院。道路をはさんでニャック・ポアンの北側にある。地面にはいくつもの破風が置かれているが、直立して両手を広げた観音菩薩像を描いたものが多い。ジャヤヴァルマン7世が造った寺院で頻繁に見るモチーフだ。

　入口手前の左側に、向かい合って、状態の良い2つの破風が置かれている。ひとつは観音菩薩像、もうひとつはゴーヴァルダナ山を支えるクリシュナ神のものだ。

　寺院はかなり崩壊していて、女神像の顔はほとんど削り取られている。ある時、3ヵ月ぶりに訪れると、新たに1つの菩薩の顔がなくなっていた、有名な所以外は、アンコール地域の寺院ですら、まだ盗難の対象とされている。

ニャック・ポアン

ニャック・ポアン　神馬にすがりつく人々

プラサート・クロル・コー　ゴーヴァルダナ山を持ち上げるクリシュナ神（破風）

37 プリヤ・カーン ★★★★
PREAH・KHAN

「聖なる剣」を意味するこの寺院は、1191年ジャヤヴァルマン7世がチャンパとの戦いの戦勝記念と父の菩提を弔うために建立した。王自身は仏教徒だったが、伝統的なヒンドゥーとの融和を願い、ヒンドゥーの神々も祀る複合的な寺院とした。しかし王の死後は宗教闘争により仏教的な要素は削り取られてしまった。

　寺院は東西800m、南北700mの広大な寺域を有し、2重のラテライトの外壁、2重の回廊を持つ。9つの祠堂を回廊で結び、その間に多数の小祠堂を配していて、非常に複雑な構成だ。回廊の外、東北の位置には、クメール建築としては珍しいギリシャ神殿を思わせる2階建て風の建物が造られている。

　破風のレリーフや女神像、ずらりと並んだアプサラスなど、見どころはあちらこちらにあるのだが、屋根が落下している所も多く、全く瓦礫の山になっている所もあって、まさに迷路の中を歩いているようだ。

　寺院の中心に小さいストゥーパが安置されているが、地元の人々はそこから北東に20〜30m程離れた所にある女神像を参拝に行く。ここには崩れた石材が穴ぐらのようになっていて、そこにほとんど傷みのない女神像が偶然残っている。狭い場所にあり、瓦礫の山を歩いて行かなければならないので、ツアー客などは訪れないが、チャンスがあれば行ってみたい。

　境内にはいたる所、王の死後ヒンドゥーのシヴァ派によって削り取られた仏像の跡が認められる。一番外の外壁には砂岩の巨大ガルーダが多数はめ込まれている。特に南門を除く3つの門の左右のガルーダは、補修されていていい状態を保っている。東の楼門にはタ・プロームと同じく樹木が根を下ろしている。

38 バンテアイ・トム ★★
BANTEAY・TOM

アンコール・トムの城外北、小さな川を越えた先の荒れ地にある。雨期には近づき難い遺跡だ。12世紀末〜13世紀初め、ジャヤヴァルマン7世の治世下の寺院と思われる。

　回廊の中に3基の祠堂、2つの経蔵が建つ。荒れ地で道がなく、訪れる人がいないためか、いたる所レリーフが盗まれていて、女神像などはほとんど顔がない。

　しかし、回廊東楼門の西側破風は注目に値する。上部の神像は削り取られているが、下部に小さな女性像が13体横一列に並んでいる。王に仕える女官なのだろうか、女神なのだろうか、他では見られないものだ。

プリヤ・カーン　横たわるヴィシュヌ神

プリヤ・カーン　2階建て風建物

バンテアイ・トム　横一列に女性像の並ぶ破風

39 プラサート・プレイ ★
PRASAT・PREI

バンテアイ・トムの西、「まだ地雷が埋まっているのでは?」と思わせる荒れ地にある。祠堂は東向きで、北東に小さな聖池、東南には経蔵を配している。正面の破風レリーフも、顔を削られてはいるが、観音菩薩の立像だ。これらの寺院構成や彫刻を見ると、13世紀頃に造られたジャヤヴァルマン7世の施療院の典型的なかたちに思われる。

土地の人も観光客も全く訪れない、適度に荒れた遺跡だ。アンコール・トムの城壁上の北西隅にあるプラサート・チュルンに立つと、はるか北西にこのプラサート・プレイを望むことができる。

40 プノン・バケン ★★★
PHNOM・BAKHENG

10世紀初めヤショヴァルマン1世は、アンコール3山の1つ、第1次アンコール都城の中心にあるプノン・バケンに寺院を建立した。5層の基壇の最上壇に5つの祠堂を持つこのピラミッド型寺院は、メール山を象徴したものであり、以後のピラミッド型寺院の原形となった。

破風、まぐさ石のレリーフはほとんど残ってないが、上部のなくなった主祠堂の女神像は、傷んでいるが、豊満な体つきで、整いすぎた腰巻きスカートを身につけた、バケン様式の代表的なものだ。

この山上からは、遠くアンコール3山のプノン・ボック、プノン・クロム(70ページ)が望まれ、近くは東にアンコール・ワット、西に西バライなど素晴らしい景色が堪能できる。

内戦時、ここはかっこうの砦として使われ、90年代の初めまで地雷が敷設されて、銃器を持った兵士が駐留していた。現在は早朝や夕暮れ時、観光客であふれかえる人気のスポットになっている。

プラサート・プレイ

プノン・バケン　南西角より

プノン・バケン　西側より

41 パクセイ・チャムクロン ★★
BAKSEI・CHAMKRONG

プノン・バケンの北、小さいが高さを感じさせるピラミッド型の寺院である。948年ラジェンドラヴァルマンによって、シヴァ神を祀るために建てられた。
　3層の基壇はラテライト、最上部はレンガで造られている。彫刻の類はほとんどなくなってしまっているが、一部まぐさ石、偽窓に見ることができる。この寺院は上部に登ってみるより、樹間に孤立して建っている姿を遠望するのがいい。

42 プラサート・バイ ★
PRASAT・BEI

プノン・バケンの北参道の近くにある10世紀の建物。基壇の上に3基のレンガの祠堂が並んでいる。彫刻の類は、まぐさ石に残るレリーフだけだ。
　東へ数百m行った所に、祠堂の基礎部分が残るプラサート・トマ・バイ・カエがあるが、ここから木の葉形の5つの金製品が発掘された。しかし、どちらの建物も地味で人目を引かない。
　ちなみに、近くにある、プノン・バケンの北参道に座した巨大な獅子像は保存状態がいい。

パクセイ・チャムクロン

プラサート・バイ

43 バンテアイ・スレイ ★★★★
BANTEAY・SREI

アンコールの遺跡エリアから北東へ約30km程行った所に、「女の砦」と呼ばれる赤い砂岩で造られた寺院がある。967年頃ジャヤヴァルマン5世の摂政役、王師ヤジュニャヴァラーハによって建てられたヒンドゥー寺院だ。1914年に発見され、1931年には修復を終えたため、今もって美しい姿を保っている。

1924年、後にフランス文化大臣になったアンドレ・マルローが「東洋のモナリザ」と呼ばれるここの女神像を盗み出そうとして、捕まってしまった。彼はその体験をもとに小説『王道』を発表している。

3重の外壁に囲まれ、基壇の上に3基の祠堂を並べて、2つの経蔵を配した小さな寺院だが、建物の全面を細かい装飾模様が埋めつくしている。

破風やまぐさ石には、ヒンドゥーの神々、マハーバーラタやラーマーヤナ物語からとった題材のレリーフが描かれて、3基の祠堂の側面には素晴らしい女神像と門衛像ドヴァラパーラが深く彫り込まれている。

その他にも、建物の要所要所に置かれているガルーダ、ナーガ、ナラシンハの彫刻など、見どころをあげていくときりがない。

祠堂の前後左右に、打ち壊されたレプリカの彫像の残骸が残っている。これらはナラシンハ、ガルーダ、ハヌマーン、ヤクシャの4種類で、実物はプノンペンの国立博物館に展示されている。

バンテアイ・スレイは、木々の緑に映える赤い砂岩のクメール美術の傑作が集まった珠玉のような寺院だ。よくぞ残っていてくれたと思う。今この寺院に到る道は、舗装こそされてないが良くなっている。アンコールでの見学時間が1日しかなくても、できれば時間をさいて訪れていただきたい。9〜11時頃は団体客が多いので、その時間帯は避けたい。

バンテアイ・スレイ

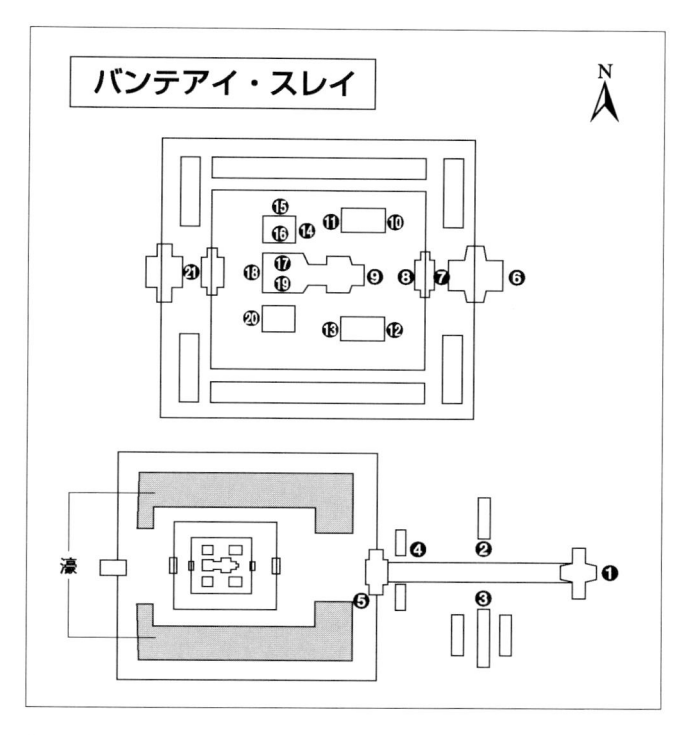

❶象に乗ったインドラ神
❷ヴィシュの化身ナラシンハに組み伏せられる阿修羅王
❸聖牛に乗るシヴァ神とウマー
❹悪魔にさらわれるシーター（地面に置かれている）
❺ハンサに乗るブラフマー神（地面に置かれている）
❻2頭の象がアーチを作る下に座る神
❼踊るシヴァ神
❽怪物と戦うドゥルガー神
❾象に乗るインドラ神
❿インドラ神の慈雨
⓫カンサ王を殺すクリシュナ神
⓬カイラーサ山を揺がす悪魔ラーヴァナ
⓭カイラーサ山の山頂で瞑想するシヴァ神
⓮女を股間におさえつけるヴィシュヌ神の化身
⓯阿修羅王を引き裂くヴィシュヌ神
⓰敵を征討するヴィシュヌ神の化身
⓱猿王スグリーヴァと兄ヴァリーンの戦い
⓲悪魔にさらわれるシーター
⓳この寺を建てたヤジュニャヴァラーハを象徴する猪の頭の上の台に立つアルジュナとシヴァ
⓴ハンサに乗るブラフマー神
㉑猿王スグリーヴァと兄ヴァリーンの戦い

バンテアイ・スレイ　全景

バンテアイ・スレイ　女神像と門衛像

バンテアイ・スレイ　カイラーサ山を揺るがす魔王ラーヴァナ（破風）

バンテアイ・スレイ　ヴィシュヌ神の化身（まぐさ石）

44 バンテアイ・サムレイ ★★★
BANTEAY・SAMRE

　東メボンから東へ約5km行った荒れ地の中にある。12世紀前半、スールヤヴァルマン2世の治世下に造られた。城壁を思わせるラテライトの外回廊、さらに内回廊、2つの経蔵、主祠堂という構成だ。

　内回廊の内側にはテラスが付いていて、このテラスを歩いて境内を一周することができる。このやり方はバイヨン寺院でより大規模に実現される。外回廊の外側には窓が造られていないので、この寺院の名前「サムレイ族の砦」の通り要塞のようだ。

　境内の真ん中には、三方に出入り口を持った祠堂と、その東側に拝殿をつないで一体化した建物を配している。この形はタイのピマーイや、勝利の門の近くにあるトマノンに見られる。

　クメール人の装飾好きはこの寺院にも発揮されていて、特にヒンドゥーの神々や神話を描いた破風が面白い。もちろん、まぐさ石や柱にも彫刻が施されている。ただ神像の顔などが盗難にあっている場所もあり、完全なものは少ない。見学するには手頃な大きさの、完成されたアンコール・ワット様式の寺院だ。

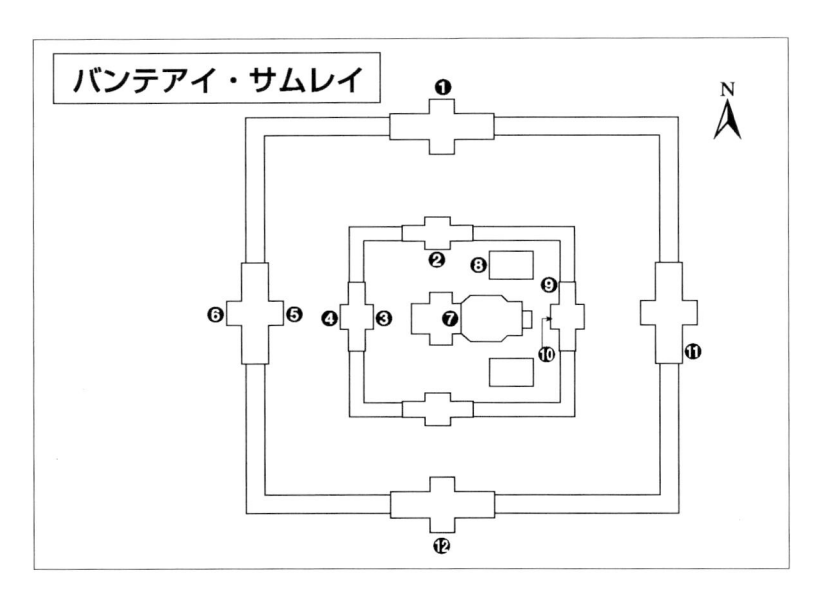

❶猿軍対悪魔
❷牡牛に乗るシヴァ神とウマー（破風・上）、ハープをひく女（破風・下）
❸太陽と月の結合
❹ずらりと並んだ神々
❺アスラと戦うヴィシュヌ神
❻戦う猿たちと悪魔
❼ゴーヴァルダナ山を支えるクリシュナ神
❽横たわるヴィシュヌ神
❾ゴーヴァルダナ山を支えるクリシュナ神
❿悪魔の攻撃を受けるインドラ神
⓫乳海攪拌（破風）、大蛇と闘うクリシュナ神（まぐさ石）
⓬ラーマ兄弟を治療するハヌマーン

バンテアイ・サムレイ　西楼門

バンテアイ・サムレイ　全景

バンテアイ・サムレイ　悪魔を引き倒すヴィシュヌ神（破風）

バンテアイ・サムレイ★121

チャウ・スレイ・ヴィボール ★
CHAU・SREI・VIBOL

アンコール・ワットから東へ約20km、自然の丘の麓をラテライトの塀で囲み、そのまわりに壕を配し、丘の上に寺院を建立している。昔はアンコール・ワットから東に向かう王道の中継点にあった。もっとも、寺院自体はアンコール・ワットができるより早い11世紀に建てられている。

　残念ながら祠堂、経蔵、楼門といった建物は崩壊が激しく、完全な形を留めているものはない。丘の上の堂塔のある境内は狭く、落下した石材に埋めつくされていて、レリーフ類は残っていない。丘の下の東楼門も、巨大だったことを思わせるが、半分以上は倒壊している。丘の中腹南側には長方形の建物があるが、何のためのものかよく分からない。

　丘の上からは、左にプノン・ボック、北にクレーン山の山なみが望まれる。全く手を入れられていない廃墟だ。

ベン・メリア ★★★★
BENG・MEALEA

アンコールから東へのびる旧道を約40km、13世紀前後にジャヤヴァルマン7世によって造られた巨大寺院大プリヤ・カーン（コンポン・スヴァイ）へと続く王道の中継点にある。現在は王道をそのまま辿ることはできないので、一度国道を東へ、ロリュオス遺跡群の先まで行き、そこから北上する。寺院に到る最後の数kmはひどい悪路で、雨期は泥沼になりそうだ。

　11世紀末〜12世紀初めにかけて、建設が始められた。東西900m南北800mの敷地と、その外側に幅45mの環壕を配していて、3重の回廊に囲まれた寺院の中心部は東西180m南北150mの広さを持っている。堂塔の配置は、アンコール・ワットの雛形と言われるほどよく似ている。

　現在、寺院はほとんどジャングルの木々に覆いつくされ、それらの隙間に空が見える程度だ。堂塔は崩壊し、薄暗く、湿度を感じる。一部の樹木は取り払われているが、全体の半分以上は近づくこともできない。取り払われた場所も寺院を巡る道筋だけで、そこすら歩きづらい。

　破風やまぐさ石にはレリーフが施されているが、その他の部分にはあまり装飾は施されていない。それらも多くは落下し、落ち葉や苔に覆われている。

　参道には独特の形をしたナーガの欄干を配しているが、一部は横倒しになり、草に埋もれている。

　堂塔の側壁に女神像は見られないが、第1回廊の隅には残さ

れている。しかし近づけるのは2ヵ所だけで、それも半身は土砂に埋もれ傷んでいる。

　タ・プロームは、あえて修復などは行なっていないとはいえ、やはり手入れがなされている。しかしベン・メリアは今のところ、本格的には手を入れられていない。まさに発見当時の気分を味わうことができる数少ない遺跡だ。まわりに未回収の地雷が残っていそうな雰囲気すらある。

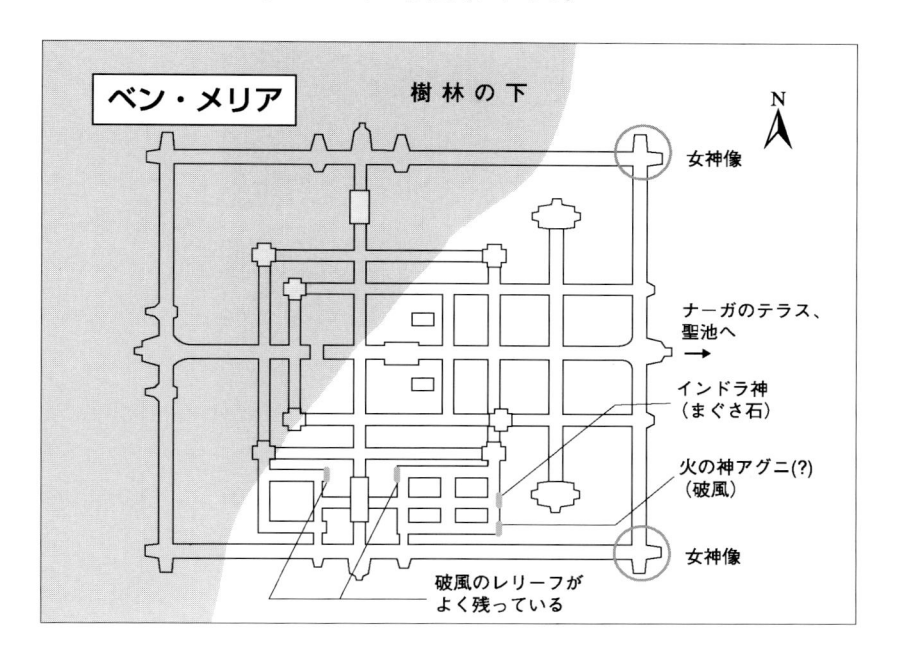

```
ベン・メリア          樹林の下                    N
                                              女神像
                                              ナーガのテラス、
                                              聖池へ
                                              →
                                              インドラ神
                                              （まぐさ石）
                                              火の神アグニ(?)
                                              （破風）
                                              女神像
              破風のレリーフが
              よく残っている
```

チャウ・スレイ・ヴィボール

ベン・メリア

ベン・メリア　破風のレリーフ

ベン・メリア　回廊の埋もれた女神像

クレーン山 ★★
PHNOM・KULEN

　809年初め、ジャヤヴァルマン2世はここを聖なる場所と定め、「神なる王」の儀式を行なって王位についた。その後も歴代の王たちによって聖地と崇められたこの丘陵には、数々の遺跡が残されている。しかし現在一般の人が訪れることができるのは、2ヵ所だけだ。

　1つはクバル・スピアン (KBAL SPEAN) と呼ばれ、バンテアイ・スレイの北方のクレーン丘陵の一角にある。麓から道らしい道もない山道をたっぷり30分以上登ると、山中の細流に出る。ここの数百mの間の川床や岸の岩に、数々のレリーフが残っている。

　横たわるヴィシュヌ神、聖牛ナンディンに乗るシヴァ神とウマー、ガネーシャ、ワニ、といったモチーフが自然の渓流の岩に彫り込まれている。特にヴィシュヌ神の像は好まれていて、6ヵ所で見ることができる。川床のヨーニを擬した正方形の基壇の上に、リンガを安置したものもある。長年にわたって徐々に造られたようだ。

　しかし、近年になって女人像の顔が削り取られてしまった。観光客が放置するゴミも目立ち、残念だ。

　もう1ヵ所はカンボジアの人々が参拝に訪れる場所だ。クバル・スピアンからさらに北東に10km程行った所にあり、普通プノン・クレーンと言えばこちらを指す。

　巨大な岩の上部に寝釈迦が彫り込まれていて、16世紀に造られたと言われている。その近くには見事な滝があり、滝の上の川床には横たわるヴィシュヌ神が彫られている。さらに上流に行くと、やはり川床に数え切れないほどのリンガ彫刻が見られる。

　滝が珍しいカンボジア人はお参りをした後、滝ではしゃいでいる。川岸にアンコール時代の寺院もあるが、小さなものだ。今は山上まで道ができて簡単にアクセスできるが、滝を見慣れている日本人には、入山料が20ドルということも考えると、さほど魅力的な場所とは思えない。

　その他の遺跡については、フランス統治時代に調査が行なわれていて、おもしろいものもあるのだが、現在は遺跡に到る道が悪く、地雷や治安の問題もあるので近づくことができない。今後、整備されしだい再訪してみたい。

クバル・スピアン　2体の横たわるヴィシュヌ神と聖牛に乗るシヴァ神のレリーフ

プノン・クレーン　川床に彫られたヴィシュヌ神

■シェムリアップへのアクセス
❶タイ国境からピックアップ・トラックで6～8時間。
❷プノンペンからツアーバス（1日1便、キャピトール・ツアー）かピックアップ・トラックで8～12時間。スピード・ボート（1日1便）で5～6時間。飛行機（1日数便）で1時間。

■遺跡のまわり方
❶バイク・タクシーをチャーターする。一般にアンコール遺跡群と呼ばれる地域（ロリュオスも含む）は、まる1日自由に行き来して5ドル。バンテアイ・スレイ行きが1日の中に含まれる時は10ドルが相場になってしまった。日の出、日の入り時、アンコール・ワットやプノン・バケンへの往復は1ドル。それ以外のクーレン山、ベン・メリアなどはドライバーと交渉が必要。
❷車をチャーターする。車種によって値段は異なるが、1日20ドルぐらいから。

■宿泊
町中にあらゆるランクのホテルがある。1泊2ドルのゲストハウスから100ドル以上の高級ホテルまで、不自由しない。

■注意点
観光客が増えてくるにつれバイク・タクシーも増え、たちの悪いドライバーも出てきた。事前に旅行者などから最新の情報を手に入れて、お互いが納得する交渉をしたい。バイク・タクシーは、そこら中にあふれている。

ベン・メリアに関しては、一般観光客が訪れる時には遺跡のそばにいる警官（？）を同行しなければいけないようだ。彼らに渡すお金（数ドル）など、事情に詳しいドライバーを見つけたい。

クバル・スピアンもベン・メリア同様、近年になって行くことができるようなった所だが、まだルールができていないので、立場を利用した金儲けを考える連中が多い。当初はお金は必要なかった所だが、現在警官（？）がそこら辺をうろつくようになり、現場に同行するという名目で20ドルを要求するらしい。新しい情報を得て、お金を渡すことになった時も、相手の言いなりになるのはやめていただきたい。

2000年3月に、プノンペン発シェムリアップ行きのスピード・ボートが、客を装った武装強盗グループに襲われた。政治的混乱が終わり、物があふれる現状では、こういった事件も増えてくると思われる。カンボジアはまだあらゆる点でルールが確立されていない国なので、充分注意することが必要だ。銃器や地雷のことを常に頭の片隅に置いておきたい。

バッタンバン近郊の遺跡
BATTAMBANG

カンボジア第2の町バッタンバンは、地方の町にしては、様々に異なるランクのホテルがそろっている。交通の要衝であるこの町の郊外に、現在訪れることのできるクメール遺跡が3ヵ所ある。実際にはまだ他にもあるようだが、道路状況や治安状況、地雷の問題などにより行きにくい。ただアンコール遺跡を見てしまった後では、あまりにスケールが小さいので、よほど興味を持っている人以外は、あえて訪ねるほどのことはない。旅行中にここを通ることがあれば訪れてみていただきたい。

ワット・エク ★
WAT・EK

バッタンバンの北約8kmの所にある。1027年、スールヤヴァルマン1世の治世に建立された。周囲に池のある、ちょっとした高台の中心に祠堂と経蔵を配し、それを東西に楼門を持った回廊で囲んだ寺院。かなり傷んでいるが、砂岩の石組みは堂々としている。彫刻は摩滅したものが多く、あまり残っていないが、祠堂の塔の部分の東破風に乳海撹拌の図が描かれていて意外に状態がいい。クメール・ルージュの時代ここは刑務所として使われたと言われるが、建物を見るかぎり、簡単に逃げだせそうに思える。町からこの遺跡に到る道沿いには、木々の緑に囲まれた豊かな、昔ながらの生活を垣間みることができる。

ワット・スナン ★
WAT・SUNNANG

バッタンバンの南西約20km、道路脇に11〜12世紀頃の、上部のない砂岩の塔が、ぽつんと1基建っている。他には何の建造物もない。三方の幅広のまぐさ石にはレリーフがきれいに残っていて、東側には乳海撹拌、南側はシンハが支える台上に動きのある人々が座し、西側にはヴィシュヌ神が横たわっている。西側のレリーフは未完のままだし、北側のまぐさ石には手も入れられていない。おそらく建設途中で中止されたのだろう。

この場所から現代のスナン寺をはさんで東側に、スナン・カシューと呼ばれている10世紀頃のレンガの祠堂が3基建っている。中央祠堂のまぐさ石にインドラ神が彫りこまれていて、前面には貯水池が広がっている。

プノン・バノン ★
PHNOM・BANON

　バッタンバンの南約25kmの山頂に建っている。下から見あげると、5基の塔が建っているように見えるが、実際は中央の祠堂を囲む形で、4基の楼門が建てられている。11〜12世紀の建立で、麓にも堂塔の跡やナーガなどの装飾彫刻が散見できる。祠堂に到る階段は長くてきついが、木々に覆われた場所が多いので救われる。

　寺院は女神像やまぐさ石の彫刻しか見られないが、徹底的に略奪されていて、顔の部分だけ盗み取られたものが多い。石碑の断片やナーガ、まぐさ石が地面に放置されている。頂上部は余分なスペースが少ないが、南西の側から見ると全景がうまくおさまる。内戦時には砦の一部として使われたようで、今も南東隅に銃器が置かれている。見晴らしはいい。

■バッタンバンへのアクセス
❶タイ国境からだと乗り合いトラックでシソフォン(SISO PHON)経由、約4時間。
❷プノンペンから乗り合いトラックで約8時間。
❸シェムリアップからスピード・ボートで約3時間(1日1便)。
■遺跡のまわり方
バイク・タクシーをチャーターする。
　●ワット・エク(片道30分)
　●ワット・スナン(片道約1時間)
　●プノン・バノン(片道約1時間)

3ヵ所とも未舗装で、道はあまり良くない。
■宿泊
中央マーケットのまわりに5ドル前後で泊まれるホテルが何軒かある。その他にも10〜20ドル程度のホテルがあり、質はいい。
■注意点
道はどこへ行くにも悪く、地雷に関しても完全撤去の状態ではない。町を外れたら、あまり踏み跡のないような所は歩かない方がいい。食事も町を出ると期待できない。

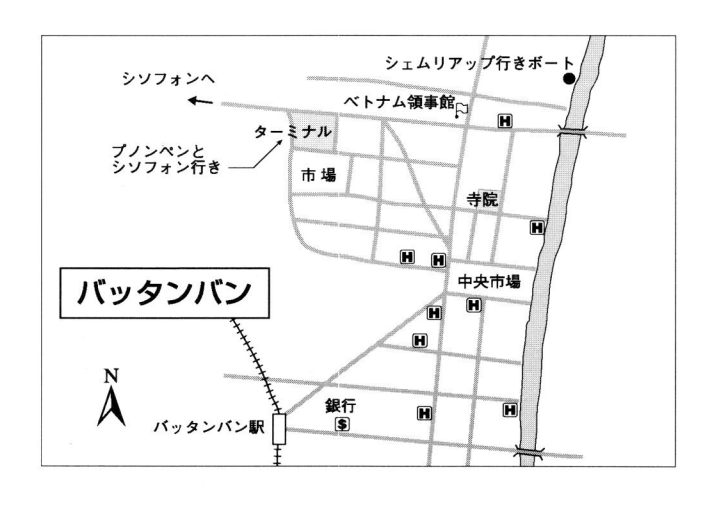

ワット・エク　乳海攪拌のレリーフ

ワット・スナン

プノン・バノン

ワット・エク、ワット・スナン、プノン・バノン

バンテアイ・チュマール ★★★★
BANTEAY・CHHMAR

　カンボジアの北西部、タイとの国境近くのシソフォンの町から60km北に、巨大な遺跡が眠っている。まだ観光客が訪れることのないこの寺院は、アンコール・トムを造ったジャヤヴァルマン7世が息子のために建てたと言われている。往時にはアンコール地域とタイのピマーイを結ぶ王道の要衝にあった。

　敷地の広さは東西800m南北600mで、アンコール・ワットを思わせる幅広い環濠に囲まれている。回廊の長さは800mもあり、バイヨンに見られるレリーフと同じく、ジャヤヴァルマン7世時代の歴史絵巻が描かれているが、回廊の半分以上は崩れ去り、石材が足下に転がっている。

　敵国チャンパとの象を使っての戦いや水上戦、宮廷の様子など、レリーフの出来もバイヨンの回廊のものと変わらない。さらにここのレリーフには、ジャヤヴァルマン7世自身と思われる、王の姿がひときわ大きく何ヵ所にも描かれている。西側北寄りの回廊には、王の息子と思われる人物が怪獣と闘っているシーンもある。

　バンテアイ・チュマールの一番の見所は、西側南寄りの回廊にある観音菩薩像の浮き彫りだ。今は現場に2体が残るのみだが、これは1999年初めに観音菩薩像のレリーフが引き剥がされ、その他の彫刻や石碑と共に、大型トラック5台を使って盗み出されたためだ。そのうち1台はタイ国内で捕まり、観音菩薩像2体分はカンボジアに返還されて、プノンペンの国立博物館に保管されている。しかし、他は行方不明のままだ。長い間、ここは盗賊団にとっては宝の山だったようで、ごく最近削り取られたと思われる無惨なレリーフの残骸があちこちに見られる。

　回廊内の堂塔は、もともとアンコール・ワットのような高塔群はなかったうえに崩壊も激しいので、建物から受ける威圧感はない。倒壊した石材はそのまま放置され、非常に歩きにくい。しばしば浮き石があり、それが雑草に覆われて見づらく危険だ。

　崩壊を免れた祠堂の一部には四面仏が、基部には女神像が彫り込まれているが、バイヨンに比べると力量のなさを感じさせる。

　最初にここを訪れるまでは、さぞや森の奥地にある遺跡だろうと思っていたが、実際にはすぐ側に市場と学校があり、車が十分通れる道路沿いに人家が集まっていた。この環境では秘密裏に盗掘が行なわれるはずもなく、実際、多数の村人が人夫として雇われていたようだ。道路環境が整備されれば、観光客が訪れるようになるだろう。

バンテアイ・チュマール

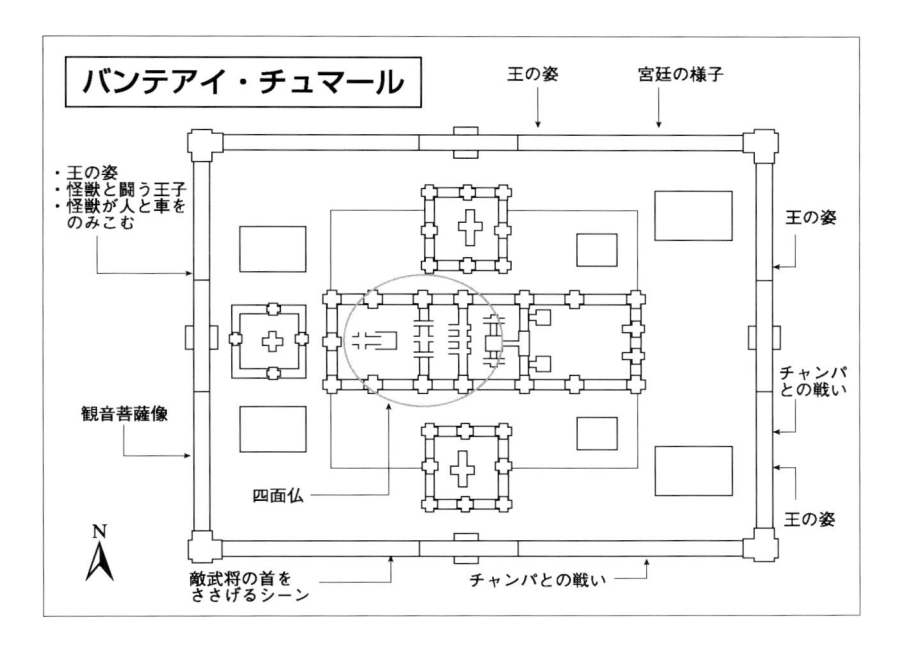

[図: バンテアイ・チュマール遺跡平面図]
- 王の姿
- 宮廷の様子
- 王の姿
- 王の姿
- 王の姿
- チャンパとの戦い
- チャンパとの戦い
- 敵武将の首をささげるシーン
- 観音菩薩像
- 四面仏
- 怪獣と闘う王子
- 怪獣が人と車をのみこむ
- N

■シソフォンへのアクセス
ピックアップ・トラック（乗り合いトラック）でタイ国境から約2時間。シェムリアップから5〜6時間。バッタンバンから約2時間。

■遺跡のまわり方
シソフォンの町の北方約60km、未舗装の荒れた道の先にある。バイク・タクシー（片道3時間前後）か車をチャーターする。乗り合いトラックもあるが、便数が少ない。

■宿泊
タイ国境とシェムリアップを結ぶ道路沿いに、ゲストハウスと5〜10ドル程度のホテルが数軒ある。その他にも町中に何軒かある。しかし、わかり難いので、バイク・タクシーに自分の希望のクラスのホテルを言って連れていってもらうほうが楽だ。

■注意点

この遺跡はごく最近まで一般の外国人は近づけなかった所で、現在も歓迎している様子はない。遺跡に行く道中も、男たちの目つきがとても悪い。「おまえは何者で、なにをしに来やがった」とその目が語っている。ここら一帯は、それこそ数年前まで、ポル・ポト派と組んだラナリット派とフン・セン派が攻防を繰り返していた地域に近い。訪れる時は、そういった点に充分考慮して、目立たないように行動したい。もちろん治安面も良いとは言い難い。遺跡の入口の小屋で係官にいろいろ尋ねられ、最後にお金を要求されるが、これはすべて彼らの小遣い稼ぎだ。もし払うにしても、言いなりに払うのはやめていただきたい。このエリアは地雷がまだ残っていると思われるので、寺院の敷地内も踏み跡のない所は歩かない方がいい。

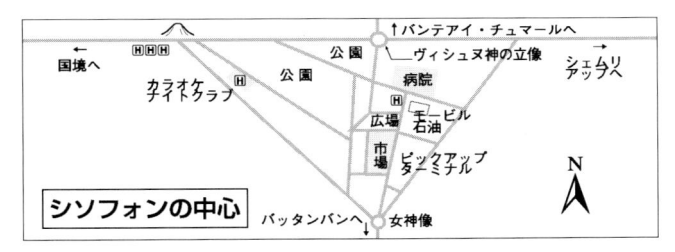

[図: シソフォンの中心地図]
- バンテアイ・チュマールへ
- 国境へ
- 公園
- 公園
- ヴィシュヌ神の立像
- シェムリアップへ
- カラオケ・ナイトクラブ
- 病院
- 広場
- モービル石油
- 市場
- ピックアップターミナル
- バッタンバンへ
- 女神像
- N

バンテアイ・チュマール　怪獣と闘う王子と人と車を呑みこむ怪獣

バンテアイ・チュマール★135

バンテアイ・チュマール　祠堂群

バンテアイ・チュマール　ジャヤヴァルマン7世

バンテアイ・チュマール　戦闘シーン

東北タイ

ISAN

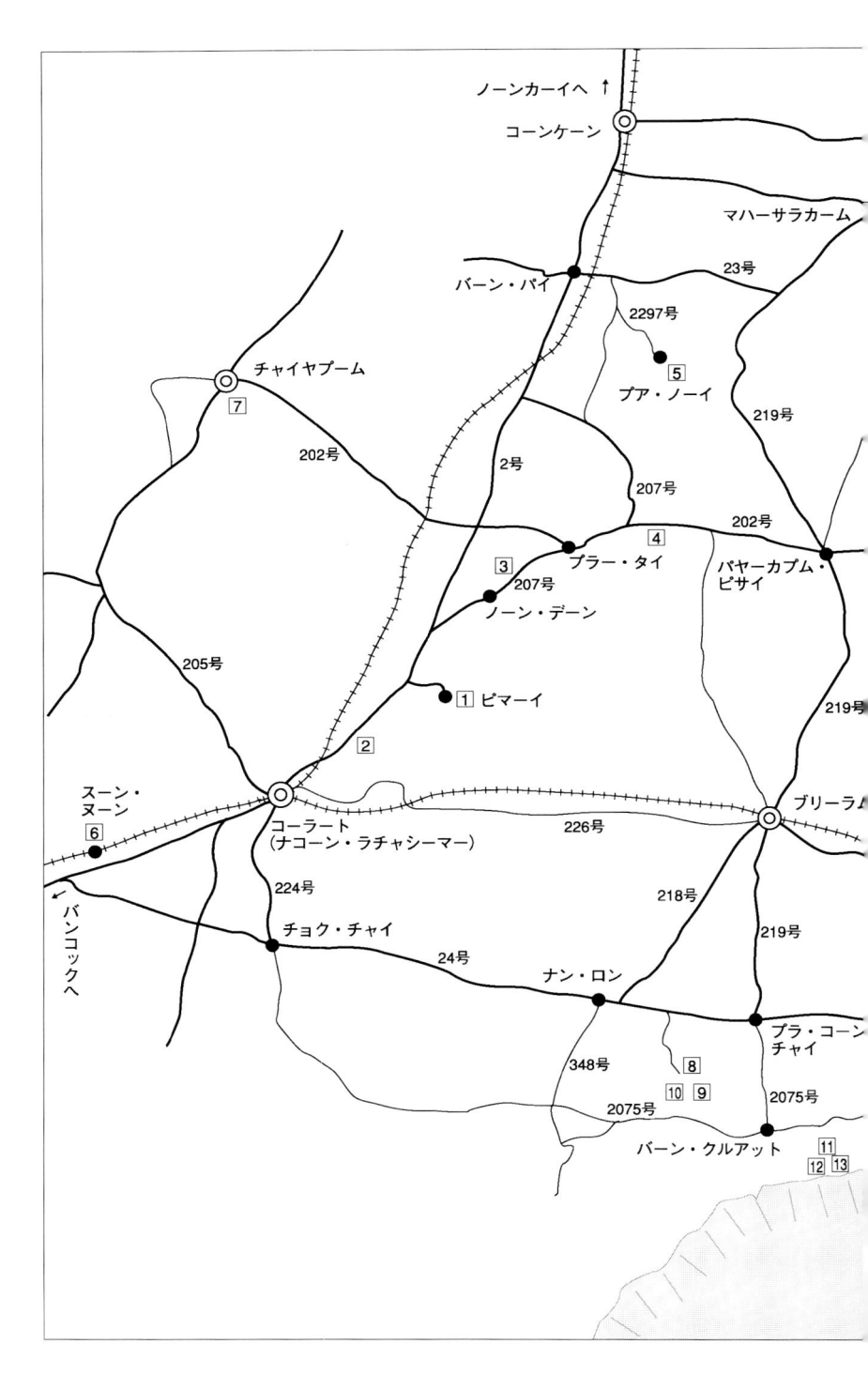

ノーンカーイへ ↑
コーンケーン
マハーサラカーム
バーン・パイ
23号
2297号
5
ブア・ノーイ
チャイヤプーム
7
219号
202号
2号
207号
202号
4
3
プラー・タイ
パヤーカブム・ピサイ
207号
ノーン・デーン
205号
1 ピマーイ
2
219号
スーン・ヌーン
6
ブリーラム
コーラート
(ナコーン・ラチャシーマー)
226号
バンコクへ
224号
218号
219号
チョク・チャイ
24号
ナン・ロン
プラ・コーンチャイ
348号
8
10 9
2075号
2075号
バーン・クルアット
11
12 13

138★東北タイ

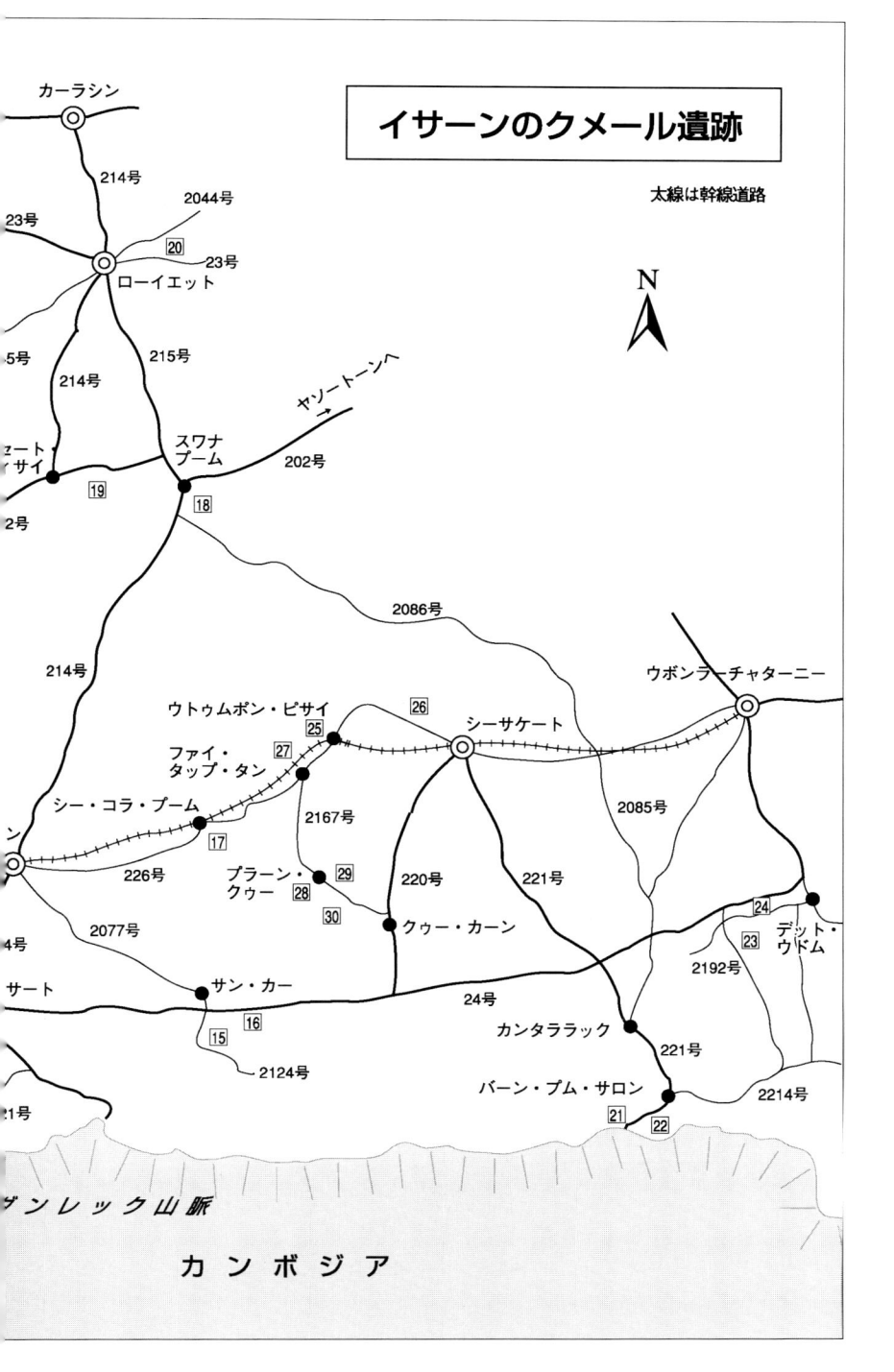

イサーンのクメール遺跡

太線は幹線道路

N

カーラシン
214号
2044号
23号
23号
[20]
ローイエット
5号
214号
215号
214号
ート
サイ
[19]
スワナ
プーム
[18]
202号
ヤソートーンへ
2号

2086号

ウボンラーチャターニー

ウトゥムポン・ピサイ
[25]
[26]
シーサケート
ファイ・
タップ・タン
[27]
214号
シー・コラ・プーム
2167号
2085号
[17]
226号
プラーン・
クゥー
[29]
220号
221号
[24]
[28]
[30]
クゥー・カーン
デット・
ウドム
2077号
[23]
サート
サン・カー
2192号
[16]
24号
カンタララック
[15]
2124号
バーン・プム・サロン
221号
1号
[21] [22]
2214号

ドンレック山脈

カンボジア

東北タイのクメール遺跡の歴史的背景と現状

　イサーンと呼ばれるこの地域には、数多くのクメール遺跡が残っている。もともとイサーンには、クメールをはじめ、モン、クイといった様々な民族が住んでいた。それらの中で、クメール族は各民族を支配下に置いて、巨大な帝国を造りあげ、各地に寺院を建設していった。イサーンには、古いものでは、クメール族がまだカンボジアの地に統一王朝を作る以前の、7世紀の遺跡も残っている。
　11世紀、クメールの領土の北部、ムーン川流域に本拠を置いていたと思われるマヒーンダラプラ家が力をつけ始めると、イサーン各地に当時流行したバプーオン様式の寺院が多数建設されるようになる。やがて、この家出身のジャヤヴァルマン6世が、1080年帝国の王位についた。プラサート・ピマーイはこの王の統治下に造られた。アンコールの都と東北タイを結ぶ王道が造られたのも、この頃だと思われる。
　12世紀、同じ王家から出たスールヤヴァルマン2世は、アンコール・ワットを建設し、帝国の1つの頂点を築いた。
　王の死後一時国内は混乱するが、それを収拾したジャヤヴァルマン7世が即位した後、帝国は最大の領土を得ることになる。各地に多数の寺院を建立し、国内に張りめぐらした王道には、旅人や住民のために102ヵ所の施療院と121ヵ所の宿駅をもうけた。現在、タイ国内で16ヵ所の施療院が確認されている。
　14世紀には、クメールから独立を勝ち取ったアユタヤが侵略を始め、15世紀、アンコールの都は陥落させられてしまった。しかし、クメール風プラーン建築はアユタヤに、さらに現王朝の建物にまで影響を与えている。
　イサーンに残されたクメール寺院は、一部は上座仏教の寺院として生き残ったが、ほとんどは忘れ去られ、朽ちはててしまった。近年になって、遺跡の保護と観光客誘致の目的で、タイ政府による修復が行なわれ、ほとんど作業は終了している。しかし、遺跡によっては手抜き工事のような補修が行なわれていたり、多分に想像を含んだ増築を行なっている所もある。
　それでも、以前は訪れることができなかった国境地域にも行けるようになったのはうれしい。難点は、イサーン南部を中心とする広大な範囲に遺跡は点在しているので、足を確保するのが大変なことだ。公共の乗り物だけで訪れることができる所はむしろまれで、遺跡の近くの町へ行き、バイク・タクシーや車をチャーターするしかない。その場合、タイ語しか通じない所が多いのがやっかいだ。

コーラート近郊の遺跡

KHORAT

1 プラサート・ピマーイ ★★★
PRASAT・PHIMAI

　東北タイの入口コーラート(ナコーン・ラーチャシーマー)の北東60km、ピマーイの町の中心に遺跡はある。11世紀末〜12世紀にかけて造られたと言われ、一般には1108年に建立されたと思われている。東北タイ出身の王ジャヤヴァルマン6世の治世下に造られた、大乗仏教の影響を受けた寺院だ。カンボジアに自由に行き来することができるようになった現在、本家のアンコール・ワットを見た後では見劣りがするが、いまだに「タイのアンコール・ワット」と呼ばれ、イサーンのクメール建築の中では最大級の規模を誇っている。

　正面入口には、近年造り直されたものだが、ナーガをあしらった欄干を持つテラスがある。正面は南東を向いていて、東を正面とするクメール建築の中では珍しい。アンコールの都の方角との関連を指摘する説もあるが、あまり説得力はない。しかし、ピマーイが東北タイにおけるクメール帝国の重要な衛生都市だったことは確かだ。

　中央に高さ28mの拝殿付き主祠堂を置き、その南に2基の祠堂を配している。それらを回廊でかこみ、さらに東西220m南北274mの外塀で大きく包み込んでいる。主祠堂の上部は長らく崩壊したまま放置されていたが、1960年代に修復され、今は整った姿を見せている。

　塔の上部に、翼と両手を広げたガルーダが塔を支えるように、四方に彫り込まれている。その他、回廊や祠堂の破風、まぐさ石、内部の壁面をヒンドゥー神話や仏伝、仏教説話に題材をとった多数のレリーフで飾っている。しかし、内部に安置されている仏像やレリーフの一部はレプリカだ。回廊の内側は、祠堂の高さに比べて狭く感じられ、威圧感を受ける。

　細部にわたるレリーフを見た後は、外に出てのんびりしたい。回廊と外壁の間は広々とした空間があり、木々が多く、ゆったりできる。ピマーイ自体、歩いてまわれるような小さな町なので、ここに1泊して早朝や夕暮れ時に遺跡を訪れたい。

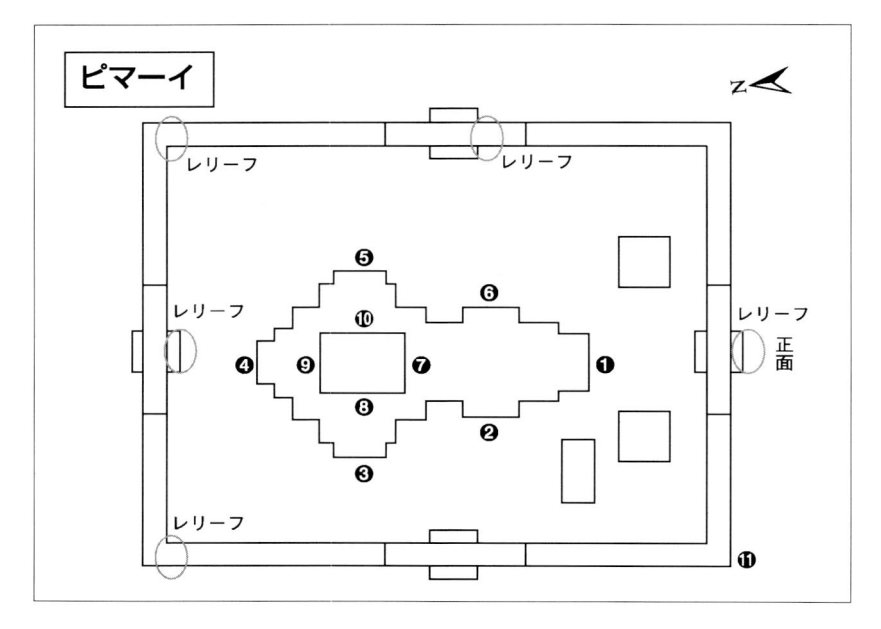

❶踊るシヴァ神(破風)
❷蛇にしめあげられるラーマ兄弟(まぐさ石)
❸ラーマーヤナ物語から、戦い(破風)ランカ島に橋をかける(まぐさ石)
❹ヴィシュヌ神(まぐさ石)
❺魔王ラーヴァナ(破風)とカンサを殺すクリシュナ神(まぐさ石)
❻アヨデヤへの帰還(破風)と神々のつどい(まぐさ石)
❼ナーガの下で瞑想する仏陀
❽直立して教えをたれる仏陀
❾仏教説話
❿仏教説話
⓫動物

ピマーイ国立博物館 ★★

遺跡から歩いて10分程の川岸にある。ピマーイ出土のレリーフのみならず、東北タイ各地のクメール遺跡にあった主なレリーフや彫像をここに移して、保管、展示している。イサーンのクメール遺跡は辺鄙な所にぽつんと独立してあることが多く、管理が行き届かない所の物はこの博物館に納められている。ピマーイやパノム・ルン、ムアン・タムといった遺跡公園にあるレリーフの一部もレプリカで、本物はここに置いてある。立派な建物に、要領よく展示されているので、一見の価値がある。外に置かれているレリーフも、忘れずに見ていただきたい。

■遺跡へのアクセス
コーラートからローカル・バスで約1.5時間。ピマーイの町の中心部にある。
■宿泊
ピマーイの遺跡のそばに3軒のゲストハウスと1軒の旅社がある。ゲストハウスにたのめば、レンタル・バイクを借りることができる。イサーンでレンタル・バイクがあるのはここぐらい。コーラートではホテルに不自由しない。

ピマーイ　全景

ピマーイ　ヴィシュヌ神

ピマーイ　魔王ラーヴァナ

2 パノム・ワン ★
PHANOM・WAN

　コーラートから北東に約20km、回廊の中に1基の祠堂が建つ。現在の建物は11世紀末に造られたもので、ピマーイよりは30年程古く、ムアン・タムより約70年新しい建物。高塔風の祠堂は東側に拝殿が付けられていて、これはピマーイへと受け継がれ、高塔祠堂建築として完成する。さらにはアンコール・ワットの設計プランにも影響を与えている。

　回廊内には他に、9世紀頃のレンガ造りの祠堂の基礎が残されている。祠堂の上部は崩壊してなくなっており、内部に後の世になって持ちこまれた仏像が安置され、土地の人々の信仰を集めている。

　2000年4月の時点で、パノム・ワンは大がかりな修復工事に入っており、祠堂は完全に解体されていた。どういった形で工事が終了するのか楽しみだが、想像たくましく復元し過ぎないでもらいたい。

　レリーフ類はあまり残ってなく、ほとんどは事務所の横に置かれている。一番いいと思われる彫刻の施されたまぐさ石は、なぜか機械の動き回る現場の地面に置かれていて、見ていて危なっかしい。ピマーイ博物館には、パノム・ワンのガルーダに乗るヴィシュヌ神のまぐさ石が展示されている。

■遺跡へのアクセス
❶コーラートから国道2号を北上するローカル・バスで、パノム・ワンへの分岐点(そばにポリス・ボックス)で降ろしてもらう。そこでバイク・タクシーをチャーターする(片道約5km)。

❷コーラートの旧市内の北門の近くから出ているソン・テウ(乗り合いトラック)で遺跡へ行く(本数が少ない)。

■宿泊
コーラート市内に各種ホテルあり。

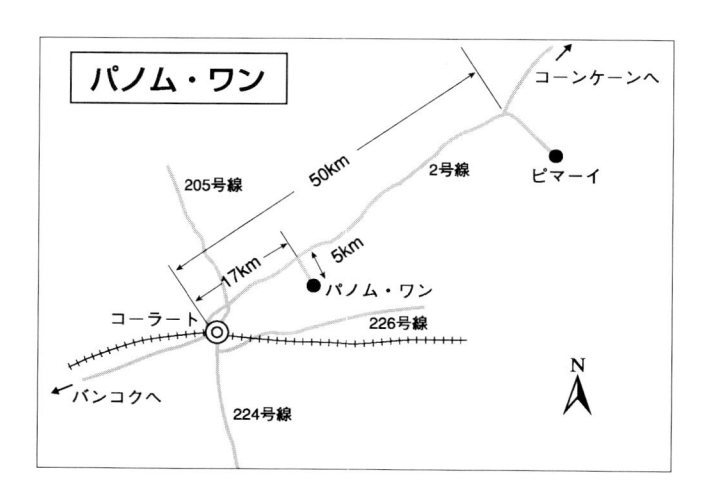

パノム・ワン

パノム・ワン　カーラに乗る神像（まぐさ石）

3 ナン・ラム ★★
NANG・RAM

　コーラートの北東約80km、国道から3〜4km入った村のはずれにある。ここには2つのクメール遺跡が隣接している。1つは、ラテライト造りの祠堂と経蔵を周壁でかこみ、東に楼門を持ち、東北の位置には聖池を配している。ジャヤヴァルマン7世が帝国内102ヵ所に設置したと言われる施療院の典型的スタイルで、13世紀前後に造られた。ここ出土の高さ30cmほどの観音菩薩像は、ピマーイの博物館に展示されている。

　もう1つは施療院の100m程南に広がっている。基壇の上に3基の祠堂を配し、東側に2つの経蔵を持つ。それらを、四方に楼門を置いた塀で囲んでいる。祠堂は、基部のラテライトの部分しか残っていないが、レンガで造られていたと思われる。一応修復工事は行なわれたようだが、現場には、砂岩製の入口のフレームとまぐさ石が残されているのみだ。11〜12世紀にかけて建てられたと思われる。

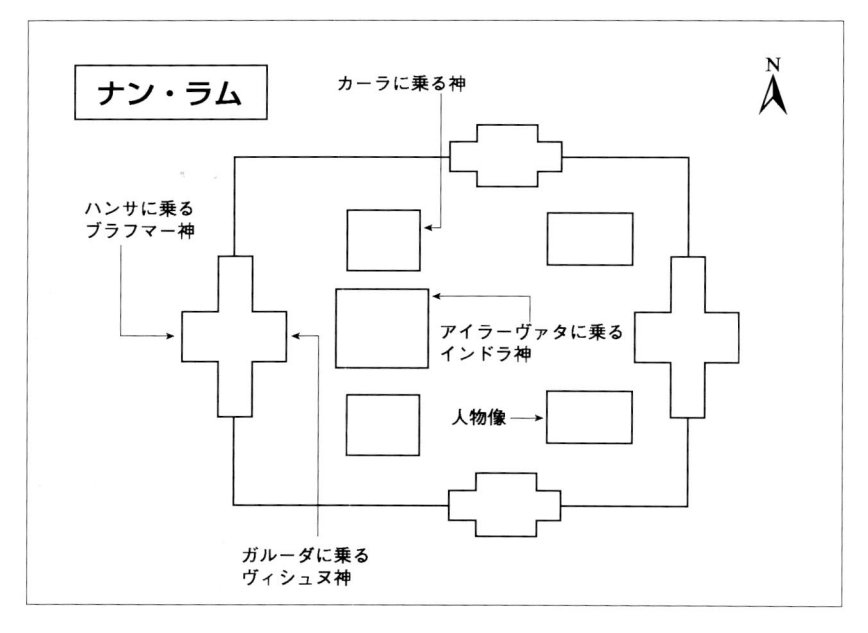

ナン・ラム

カーラに乗る神
ハンサに乗るブラフマー神
アイラーヴァタに乗るインドラ神
人物像
ガルーダに乗るヴィシュヌ神
N

■遺跡へのアクセス
コーラートからヤソートーン(YASOTHON)行きバスに乗り約2時間。207号線のノーン・デーン(NON DAENG)の町の先約10kmにあるバーン・ヤー・カー(BAN YA KHA)の村で下車。ここでバイク・タクシーをチャーターする。小学校のわきの道を約4km行くとナン・ラム村につく。

■宿泊
コーラートに泊まる。

ナン・ラム

ナン・ラム　ガルーダに乗るヴィシュヌ神（まぐさ石）

ナン・ラム★147

4 クゥー・サン・タン ★
KU・SUAN・TAENG

12世紀なかばに建てられた3基のレンガの祠堂。祠堂の上部まで残っているのは中央の祠堂だけで、北側の祠堂は半壊、南側の祠堂は高さ1m程の基部を残すのみだ。今世紀の初めまでは、経蔵と思われる建物が2基残っていた。

　以前ここには素晴らしいまぐさ石のレリーフがあったのだが、一度盗難にあったため、建物から切り離され、博物館に納められてしまった。象のアイラーヴァタに乗ったインドラ神はコーンケーンに、横たわるヴィシュヌ神はバンコックに、乳海撹拌や世界をまたぐヴィシュヌ神など6本はピマーイ博物館に展示されている。訪れる以前に見ていた写真には堆積した土砂に埋もれた趣のある祠堂が写っていたが、実際には修復が行なわれていて、土を掘り下げ、開放的になっていた。今は普通の小公園だ。

■遺跡へのアクセス
コーラートからヤソートーン行きバスで約2.5時間、プラー・タイ（PRA THAI）の東14km、202号線と207号線の分岐点のさらに東約1kmのサン・タン村で下車。国道から約500m南に下ると学校がある。その側に遺跡はある。

■宿泊
コーラートに泊まる。

5 クゥー・プア・ノーイ ★★
KU・PUAI・NOI

コーンケーンの南東70km、プア・ノーイ村にある。11～12世紀に建てられたもので、13世紀にも改築の手が入っているようだ。3基の祠堂と経蔵を東西の楼門と周壁でかこむ構成である。堂塔は赤い砂岩で造られていて、破風やまぐさ石に、ヒンドゥーの神々の彫刻が施されている。特に中央東正面のまぐさ石のヴィシュヌ神はのんびりした雰囲気が感じられ、ローカル色あふれ面白い。

　建物の上部はなくなってしまっているが、一応修復工事は終了している。寺院の側には、工事に使われなかった古い砂岩の石材が積み上げられている。しかし、実際の建物には、つなぎとしてセメントを用い塗料で色をつけた所が見られる。なかなかお手軽な修復の方法だ。周囲の樹木は切り払われ、広い敷地には芝が植えられている。

■遺跡へのアクセス
コーラートとコーンケーンを結ぶ2号線にあるバーン・パイ（BAN PHAI）の町（コーンケーンの南、約50km）で下車。ソン・テウに乗り換え、終点プア・ノーイで降りる。目の前に遺跡がある。

■宿泊
コーラートかコーンケーンに泊まる。

クゥー・サン・タン

クゥー・プア・ノーイ

クゥー・プア・ノーイ　横たわるヴィシュヌ神（まぐさ石）

6 ムアン・コーラート ★
MUANG・KHORAT

コーラートの南西約30km、スーン・ヌーン(SUNG NOEN)の町外れにある。クメール帝国時代はコーラートの町がここにあった。4〜5km四方の地域に今残されているのは、10世紀のコー・ケー様式のプラサート・ノン・クゥー(PRASAT NON KU)、プラサート・ムアン・ケーク(PRASAT MUANG KHAEK)、ムアン・ガオ(MUANG GAO)の3つの寺院跡だ。だが、いずれも崩壊してしまっていて、基壇と戸口の一部が残るだけで、建物の魅力は全くない。

しかし、数々のレリーフがここから出土している。特にムアン・ケークのまぐさ石は素晴らしく、ピマーイ博物館の中央の展示室に置かれている。神象に乗ったインドラ神、水牛を殺すドゥルーガ神、世界をまたぐヴィシュヌ神、未完ながらカンサを引き裂くクリシュナ神など6本だ。

なおスーン・ヌーンの北4km程のところに、ムアン・セーマ(MUANG SEMA)というドヴァラヴァティー時代に栄えた地域があるが、そこのワット・タマチャク・セマラム寺院(WAT THAMMACHAK SEMARAM)の境内に11.7mの寝釈迦が横たわっている。所々金箔が貼られているが、砂岩の地肌がむきだしで、古さびた感じのいい石像だ。

■遺跡へのアクセス
❶コーラートから列車で西へ約30分、スーン・ヌーン駅で下車、バイク・タクシーをチャーターする。
❷コーラートからバンコック方面行きのローカル・バスに乗って、2号線のスーン・ヌーンへ向かう分岐点(町まで2km)で降りる。そこでバイク・タクシーをチャーターする。

7 プラーン・クゥー(チャイヤプーム) ★
PRANG・KU・OF・CHAIYAPHUM

チャイヤプームの市街地にある。ジャヤヴァルマン7世が造った102ヵ所の施療院の1つ。タイ国内に残されている施療院は、建物全体をラテライトで造っていて、砂岩の破風やまぐさ石の部分に彫刻を施しているのが、一般的パターンだ。しかし現実には、砂岩のレリーフが残されている例はほとんどない。ここの施療院は、修復工事が終わった後、不完全ながらも破風、まぐさ石の彫刻が現場にはめ込まれている。祠堂の破風には観音菩薩立像が、経蔵の破風とまぐさ石にも乳海撹拌と人物像らしきものが描かれているが、いずれも傷んでいて判然としない。

■遺跡へのアクセス
チャイヤプームはコーラートから北西に車で約2〜3時間。その町のはずれにある。ここでバイク・タクシーを雇う。

プラサート・ムアン・ケーク（ムアン・コーラート）

プラーン・クゥー（チャイヤブーム）

ムアン・コーラート、プラーン・クゥー（チャイヤブーム）★151

ブリーラム近郊の遺跡
BURI・RAM

8 プラサート・パノム・ルン ★★★
PRASAT・PHANOM・RUNG

　ピマーイと並ぶ有名な遺跡。コーラートから東南へ150km、左前方の山の上に主祠堂が見えてくる。現在残っている建物はほとんど12世紀終わりに建てられたものだが、プラーン・ノーイ(PRANG NOI)と呼ばれる小祠堂は10世紀に建てられた。この場所は長い間、信仰の対象とされていたのだろう。

　主祠堂は一見、ピマーイのものに似ているが、より多くの装飾が加えられている。標高383mの山の頂に回廊で囲んだ主祠堂と小祠堂を建て、自然の傾斜を利用して参道が造ってある。

　修復前の古い写真では、上部の崩壊した主祠堂と石材の山、そして横たわるヴィシュヌ神のレリーフが転がっているのを見ることができる。しかし、このレリーフは、1960年代のある日、何者かによって持ち去られてしまった。後にアメリカにあることがわかり、国をあげての返還運動が盛り上がって、歌にも歌われ、やっと1988年に元の場所に納まった。主祠堂東の踊るシヴァ神の下のまぐさ石がそれである。さして素晴らしいものとは思えないが、いろんな条件が重なって運動が高まったのだろう。

　その他にも、ヒンドゥーの神話や神々をモチーフとしたレリーフが至る所に見られる。象、猿、インコなどの動物も描かれ、それらの彫刻は祠堂上部まで続く。

　頂からはイサーンの農村風景が眺められ、遠くカンボジアとの国境の山並みが見渡せる。平地が多い地域なので、平野部を見下ろせるこういった場所は貴重だ。

■遺跡へのアクセス
コーラートからナン・ロン(NANG RONG)経由(国道24号)で、スリンやウボンラーチャターニー方面に行くバスに乗り、T字路のバーン・タコ(BAN TAKO)で下車(約2.5時間)、バイク・タクシーをチャーターする。パノム・ルンまでは片道約13km。

■宿泊
一番近くでは、ナン・ロンの町に数軒のホテルがある。ブリーラムやコーラートに泊まれば選択肢が広がる。

| パノム・ルン |

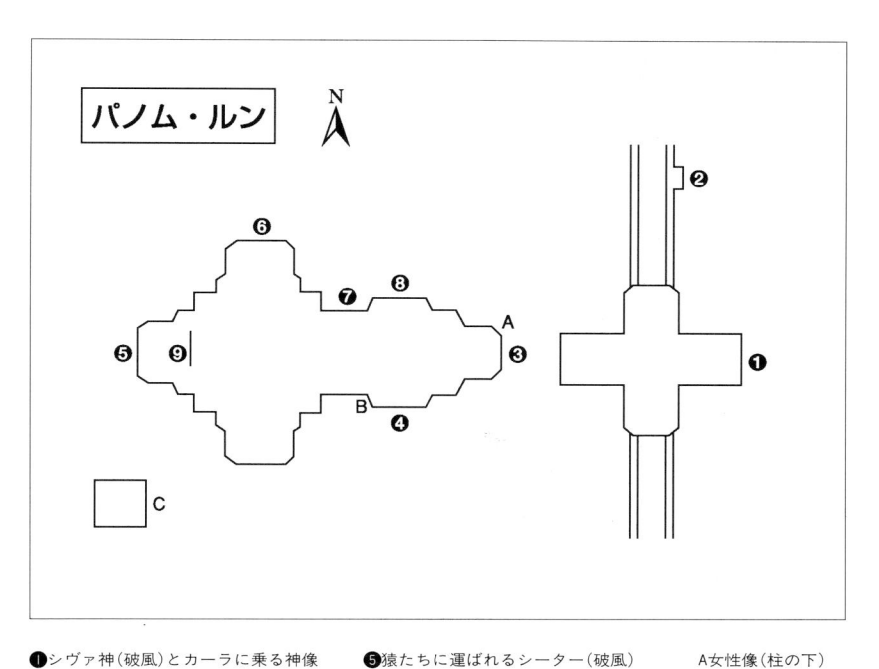

❶シヴァ神(破風)とカーラに乗る神像(まぐさ石)
❷ラーマーヤナ物語(破風)
❸踊るシヴァ神(破風)と横たわるヴィシュヌ神(まぐさ石)
❹聖牛ナンディン(破風)
❺猿たちに運ばれるシーター(破風)
❻ラーマーヤナ物語(破風)
❼誘拐されるシーター(破風)
❽ラーマーヤナ物語の戦いのシーン(破風)
❾大蛇と闘うクリシュナ神
A 女性像(柱の下)
B 2人の僧(柱の下)
C クリシュナ神

プラサート・パノム・ルン　踊るシヴァ神(破風)

プラサート・パノム・ルン　横たわるヴィシュヌ神（まぐさ石）

プラサート・パノム・ルン　カーラに乗る神（まぐさ石）

プラサート・パノム・ルン　東正面右側の柱の下部の女性像

9 ムアン・タム ★★★
MUANG・TAM

パノム・ルンの麓から南へ数km行った平地に展開する寺院。側には大きな貯水池がある。イサーンでよく見かける11世紀のバプーオン様式のヒンドゥー寺院だ。ここも近年になって修復作業が終わり、以前の崩れかけた遺跡らしい遺跡から、遊歩道を持った公園に成り下がってしまった。

　左右対称の構成で、楼門を持ったラテライトの外壁、砂岩の内回廊、レンガの祠堂群がある。もともと、前列3基と後列2基の祠堂が建っていたが、前列中央の祠堂は基部が残るだけだ。

　4基の祠堂のまぐさ石には、それぞれヒンドゥーの神々が彫刻されている。前列北の祠堂のまぐさ石は聖牛ナンディンに乗ったシヴァ神とウマーのレリーフで、地方の職人らしい作品だ。外壁や回廊の楼門の破風やまぐさ石には多くのレリーフが残されているので、こまめに見ていただきたい。

　外壁と回廊の間には堀が設けられているが、砂岩とラテライトを使って、階段状にきちんと縁取りをしている。入場券売り場の脇に置かれているレリーフはレプリカで、本物はピマーイ博物館の本館前に展示されている。

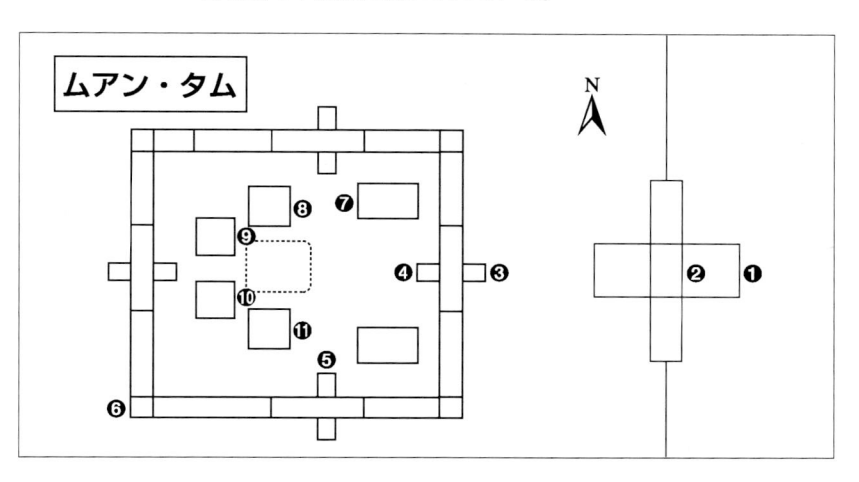

❶大蛇と闘うクリシュナ
❷カーラの上に座る神
❸カーラの上に座る神
❹1つの顔3つの体のシンハ(破風)と大蛇と闘うクリシュナ(まぐさ石)
❺大蛇と闘うクリシュナ(まぐさ石)
❻カーラの上に座る神
❼カーラの上に座る神
❽聖牛にのるシヴァ神とウマー
❾クリシュナ
❿ハンサの上に座るブラフマー神(？)
⓫カーラの上に座る神

■遺跡へのアクセス
パノム・ルンへ行くためにバイク・タクシーを雇う時、ついでにまわってもらう。

ムアン・タム　東第Ⅰ楼門

ムアン・タム　ゴーヴァルダナ山を持ちあげるクリシュナ神

ムアン・タム　ナンディンに乗るシヴァ神

10 クティー・レシィー ★
KUTI・REUSSI

ムアン・タムとパノム・ルンを結ぶ道路脇にある2つの遺跡。2つとも、13世紀前後にジャヤヴァルマン7世が造った施療院だ。№1はパノム・ルンを東へ下った所、№2はムアン・タムの北にある貯水池の西側にある。

№2は祠堂と経蔵を周壁でかこみ、東北の位置に小さな池を配している。典型的な施療院の形だ。

現在№1に経蔵は見られない。両方とも長らく放置されていたが、ムアン・タムの工事が終了したためか、2000年4月の時点で修復工事を行なっていた。やたら土を掘り返している。

№1から東へ数km行った小学校の敷地にバーン・ブー(BAN BU)というジャヤヴァルマン7世が建てた巡礼宿の跡があって、ラテライト製の礼拝堂の基部が残されている。自分の足を持っていて、気が向いたら寄ってもいい。

■遺跡へのアクセス
パノム・ルンやムアン・タムをまわる時、ついでに訪れるのがいい。

クティー・レシィー№1

タ・ミエン遺跡群
TA・MUEN

パノム・ルンから東南へおよそ50km、カンボジアの国境の近くに、タ・ミエン村がある。そこからさらに未舗装の道を南へ約10km、タイ陸軍のチェック・ポストを過ぎると、まさに国境に隣接したジャングルの中にタ・ミエンの遺跡群がある。ここはアンコールからピマーイに向かう王道の中継点に位置し、3つの遺跡が隣合っている。

11 タ・ミエン ★
TA・MUEN

13世紀前後、ジャヤヴァルマン7世が交通の要衝に建てた宿駅の礼拝堂と思われる。建物はラテライト製で、長い拝殿とそれに接続した13mの塔を持っている。ここから仏座像が発見された。このまわりに巡礼者や旅人が休息し宿泊するための木造の建物が造られていたようだ。

12 タ・ミエン・トッチ ★
TA・MUEN・TOCH

小道をはさんでタ・ミエンの南300m程の所にあるジャヤヴァルマン7世の施療院の1つ。東向きの祠堂と経蔵を回廊でかこみ、北東に20m四方の儀式用の池を持つ。ここも修復工事が終わっている。以前は、祠堂に木の根が絡みつき雰囲気があったが、今は全て取り払われ、境内も掘り下げられたため、祠堂が高くなったように感じられる。

13 タ・ミエン・トム ★★
TA・MUEN・THOM

ここは上記の2つの遺跡とは異なり、11世紀のバプーオン様式のヒンドゥー寺院だ。タ・ミエンからジャングルの中の道を1kmほど先に進んだ所にある。その先にはもはや道はなく、国境警備の兵士が土嚢を積んで警戒にあたっていた。

　寺院は南向きで、回廊の中に拝殿を持った主祠堂、北側には2基の祠堂、他に2棟の建物があるが、いずれも上部は崩壊し、なくなっている。回廊の内側に岩肌が露出していて、その盛りあがった部分を天然のリンガに見たて、それを取り込む形で主祠堂を建てている。

　主な建物は砂岩で造られていて、その壁面には門衛像ドヴァ

ラパーラ、まぐさ石には神像やカーラのレリーフが、1970年代初めまでは残っていた。しかし、その後の混乱期に破壊略奪にあい、今日見るべきものはない。北東角の祠堂は、1980年代のクメール・ルージュの占領時代にダイナマイトで爆破されてしまい、今は高さ1mほどの基部が残っているに過ぎない。

　タイ政府が1991年に修復を始めるまでは、巨木が回廊や建物に根を下ろし、気根や蔦が垂れ下がり、いかにもジャングルの中の廃墟という感じを醸し出していた。現在は全て撤去されてしまい、寺院は崩れた石の集合体になってしまった。

　回廊の西側には、修復の時はめ込めなかった石材が多数放置されている。正面南側、楼門の外に出ると、急斜面にラテライトの階段が30段ほど続いていて、その先はカンボジアのジャングルに消えている。周囲は全て樹林にかこまれ、地雷でも埋まっていそうな雰囲気だ。主祠堂の南側のまぐさ石に、カーラの顔を彫り始めたところで作業を中断した、いたずら書きのような浮き彫りがある。注目してほしい。

■遺跡へのアクセス
パノム・ルンへ行く時と同じく国道24号線を行き、ナン・ロンの東約30kmのプラ・コーン・チャイ（PRA KHON CHAI）で下車（ブリーラムからだと国道219号線を南下する）、バーン・クルアット（BAN KRUAT）行きに乗り換え、バーン・クルアットでバイク・タクシーを雇う（片道約30km）。

■宿泊
ブリーラムやスリンにホテルがある。

タ・ミエン

タ・ミエン・トッチ

タ・ミエン・トム

スリン、ローイエット近郊の遺跡
SURIN, ROI・ET

14 プラサート・バーン・プルアン ★★
PRASAT・BAN・PHLUANG

スリンの南約35kmのバーン・プルアン村にある寺院。高さ2mのラテライトの基壇の上に、祠堂が1基建っている。11世紀のバプーオン様式のもので、修復は完了しているが、祠堂の上部は失われたままだ。

しかし、祠堂の三方に施されたレリーフには人目を引くものがある。東側のまぐさ石には、象に乗ったインドラ神、破風にはゴーヴァルダナ山を支えるクリシュナ神が、北側のまぐさ石には、大蛇カーリヤと闘うクリシュナ神、破風には象に乗ったインドラ神が描かれている。

さらに南側のまぐさ石には、3つ頭の象に乗るインドラ神が頭部を削り取られた状態で残っていて、上部にワニ、水鳥、リス、イノシシ、牛、馬といった動物たちが横並びに彫り込まれている。

柱には、門衛像ドヴァラパーラも残されている。いずれも洗練された作品というより、地方職人の素朴さを感じさせる。緑の多い村の中、境内の東側には貯水池が広がる。

■遺跡へのアクセス
スリンの南約30kmに、国道214号線と24号線の分岐点となるプラサート(PRASAT)の町がある。そこでバイク・タクシーを雇う(片道約4km)。

■宿泊
スリンに各種ホテルがある。

プラサート・バーン・プルアン

プラサート・バーン・プルアン　象のアイラーヴァタに乗るインドラ神（破風）と大蛇と闘うクリシュナ神（まぐさ石）

15 プラサート・プミ・ポン ★
PRASAT・PHUM・PHON

タイで一番古いと言われているクメール建築で、7世紀の建立とされる。村の中を走る道路脇に、レンガのプレイ・クメン様式の祠堂が1基建っている。他に2つの基壇があるが、その上には小さな砂岩の入口のフレームが残っているだけだ。サトウヤシの木にかこまれた典型的なイサーンの小村に残る遺跡である。

　ここのまぐさ石はバンコックの博物館に納められている。辺鄙な場所だが、道路脇なので簡単に見つけることができる。

■遺跡へのアクセス
❶スリンから2077号線を南東に行き、24号線に出る2km手前にサン・カー(SANG KHA)の町がある。ここで2124号線を南下するソン・テウ(乗り合いトラック)に乗りバーン・ドーム(BAN DOM)で降りる。道路に面して遺跡はある。
❷サン・カーの町でバイク・タクシーを雇う(片道約10km)。
■宿泊
スリンに泊まる。

16 プラサート・ヤイ・ンガオ ★
PRASAT・YAI・NGAO

スリンから南東へ約60km、国道沿いの林の中に、2基のレンガ造りの祠堂が建っている。12世紀のアンコール・ワット様式のものだ。2基のうち北側の祠堂は、半壊してしまっている。東側の地面に、建物を飾っていた砂岩のナーガや神像が置かれている。

　この遺跡がおもしろいのは、祠堂破風の縁をナーガで飾っているのだが、それを直接レンガに彫り込んでいる点だ。普通、レンガで造られた祠堂でも破風やまぐさ石には砂岩を使うのだが、ここではそれが成されていない。

　さらにナーガの縁取りが彫刻されているだけで、中心のレリーフには手をつけていない。作業を中止したのか、それとも、その部分は砂岩で別に彫られていたのか。

■遺跡へのアクセス
スリンからサン・カーへ行き、バイク・タクシーを雇う(片道約5km)。国道24号線上に英語の標識が出ている。そこから約1km。
■宿泊
スリンに泊まる。

プラサート・プミ・ポン

プラサート・ヤイ・ンガオ

17 プラサート・シー・コラ・プーム ★★
PRASAT・SRI・KHORA・PHUM

シー・コラ・プーム駅の東1km。12世紀のスールヤヴァルマン2世の治世下の建物で、ラテライトの基壇上の大きな中央祠堂を中心に、四隅に祠堂を配している。レンガ造りの5基の祠堂が並んでいる形なのだが、先端まで完全に残っているのは南西の1基だけで、他は上部が一部崩壊しているか、半壊の状態だ。

さいわい、中央祠堂の幅広のまぐさ石には神々のレリーフが残されている。中央に一番大きく描かれているのは10本の腕を持つシヴァ神、そして左下から右へ、人の頭を串刺しにしているドゥルーガ神、ヴィシュヌ神、ブラフマー神、ガネーシャ神と続く。いずれもアンコール・ワット様式のものだ。

戸口の柱の東側にはインコと一緒に女神像が、北と南側には門衛像が彫り込まれている。両手に怪獣をさげたクリシュナ神のまぐさ石は、ピマーイ博物館に展示されている。管理するには便利なのだろうが、まわりに芝生を植えた開放的すぎるタイ風遺跡公園だ。駅から簡単に行ける。

■遺跡へのアクセス
スリン駅から東へ列車で約30分、シー・コラ・プーム駅で下車。駅の南側に出て、線路に沿って東約1kmにある。

■宿泊
スリンの町なかに各種ホテルがある。

18 クゥー・プラ・コーナ ★
KU・PHRA・KONA

スワナプーム(SUWANNAPHUM)の南5kmの所にある。地元では猿寺と呼ばれていて、国道脇の樹林に囲まれた仏教寺院に野生の猿が住みついている。その境内の中央に、レンガ造りの3基の祠堂と経蔵をラテライトの周壁でかこんだ遺跡がある。11～12世紀に建てられたと思われる。

しかし現状は、北の祠堂は基部を残して今風のちゃちなお堂に改装されてしまって、堂守が住みついている。中央祠堂は、いつの時代かわからないが、白く上塗りをされ、上座仏教の塔にされている。南祠堂のみが原形をとどめている。ヴィシュヌ神やシヴァ神、仏陀のレリーフが残されているが、あまりいい状態ではない。もともとはヒンドゥー寺院だったが、現在は上座仏教と民間信仰がごちゃ混ぜになっていて、地元の人々が参拝に訪れている。

■遺跡へのアクセス
❶スリン駅の東にある踏切の北側のバス停からローイエット行きのバスに乗って、214号線を北上。約2時間でスワナプームに着くが、その約5km手前に遺跡はある。

❷コーラートからヤソートーン行きバスに乗り、スワナプームで下車(約4時間)。バイク・タクシーを雇うか、スリン行きバスに乗ってクゥー・プラ・コーナで降りる。

プラサート・シー・コラ・プーム

プラサート・シー・コラ・プーム　シヴァ神と神々（まぐさ石）

クゥー・プラ・コーナ

19 プラサート・クゥー・カシーン ★
PRASAT・KU・KASING

カセート・ウィサイ(KASET WISAI)から国道202号を東へ10km、そこからさらに10kmほど南へ入った、小さな村の仏教寺院の境内にある。11世紀に建てられたヒンドゥー寺院で、ラテライトの基壇の上に、レンガの拝殿を持った中央祠堂と2基の祠堂が建てられている。いずれの建物も上半分はなくなっているが、赤い砂岩で造られたまぐさ石や側柱は残されている。7つのまぐさ石のうち、2つは象に乗るインドラ神だが、他は特定しがたい。

周壁、2つの経蔵はラテライトで造られている。雑な修復を施しているが、なんとか元の姿を想像することはできる。周壁の北側に簡易収蔵庫が作られていて、破風や立像など、寺院を飾っていた赤い砂岩の装飾品が多数保存されている。

ここから東に500mほど行った林の中に、クゥー・ポー・ラカン(KU PO RAKKAN)という、ジャヤヴァルマン7世の施療院と思われる寺院跡がある。祠堂と経蔵跡にラテライトが積み上げられていて、かろうじてまぐさ石にカーラのレリーフが認められる。東北の位置に小さな池も残されていて、施療院の形をふまえている。全て土に埋もれる日もそう遠くない。

■遺跡へのアクセス
スワナブームか、スワナブームの北西約30kmにあるカセート・ウィサイの町で、バイク・タクシーを雇う。カセート・ウィサイの町から東へ約10km程行った所に、最初のポリス・ボックスがある。そこを右折、さらに10数km行った寺院の境内に遺跡はある。寺院の側にもポリス・ボックスがある。

■宿泊
ローイエットの町中に数軒の快適なホテルや旅社がある。

プラサート・クゥー・カシーン

20 プラーン・クゥー（ローイエット） ★
PRANG・KU・OF・ROIET

　ローイエットの東10kmほどの所にあり、ノン・クゥー（NONG KU）とも呼ばれている。13世紀前後にジャヤヴァルマン7世が建てた施療院の1つだ。
　石材は全てラテライトで造られている。中央に祠堂を、東南に経蔵を配し、それを東側に楼門を持った周壁でかこんでいる。北東には階段状に縁取りされた池を持っている。
　修復は完了しているが、芝生を敷きつめた仏教寺院の広い境内に放置されたままだ。施療院の建物の配置を見るには最適だが、殺風景で魅力がない。

■遺跡へのアクセス
ローイエットの町でバイク・タクシーかオート三輪を雇う。町の中心から国道2044号線を約8km行き、学校の案内板（英語で書かれている）の所を右折、1kmほど行った所にある。
■宿泊
ローイエットに泊まる。

プラーン・クゥー（ローイエット）

シーサケート近郊の遺跡
SI・SA・KET

21 **プリヤ・ヴィヒヤ**（カンボジアでの呼び名）あるいは
カオ・プラ・ヴィハーン（タイでの呼び名）★★★★
PREAH・VIHEAR,
KHAO・PHRA・VIHARN

タイとカンボジアの国境線上にある寺院。2国間の国境はほぼダンレック山脈に沿って決められているが、この寺院はその山脈の断崖上にあるため、長い間、領有権争いが行なわれてきた。1962年、国際法廷でカンボジア領と認められたが、戦争や政情不安のため、長らく一般の人の立ち入りは禁止されていた。

1992年、久しぶりに一般開放されたが、翌年にはクメール・ルージュの占領によって再び閉山されることになる。その後、政情が安定するにつれて、1998年からようやく普通に訪れることができることになった。

昔から聖地とされていたこの断崖上の寺院は、10世紀初めのヤショヴァルマン1世の時代から、アンコール・ワットを造った12世紀のスールヤヴァルマン2世の時代にかけて、歴代のカンボジア王によって増改築が続けられた。

寺院は南北約800mの直線上に、自然の傾斜を利用して5つの楼門、経蔵や回廊、主祠堂をシンメトリックに配している。

正面北側、最初の急な階段を登ると、両端にナーガが鎌首を持ち上げている。ここのナーガは、胴体を直接地面に付けた古いスタイルのものだ。第1の楼門は屋根や石の側壁が落下していて骨組みだけになっているが、南東の角から眺めるとバランスがとれていて絵になる。

さらに進んで第2の楼門には、乳海撹拌の図が南面の破風に彫り込まれている。コンパクトにまとめてあって愛らしい。破風下のまぐさ石には、横たわるヴィシュヌ神が描かれている。

参道の先の階段を経て、第3楼門にも様々なレリーフが彫られているが、一番有名なのは南面内側の破風、ナンディンに乗るシヴァ神とウマーのレリーフだ。1本の傘のように枝を広げた木を背景に描いた、変わった構図のものだ。これらの彫刻以外にも、屋根の軒の部分の浮き彫り模様や、軒先をはね上げた独特な形の装飾が珍しい。

第4の楼門、経蔵を経ると、回廊にかこまれた主祠堂に到着する。主祠堂は上部が崩壊、瓦礫の山となっている。主祠堂内には、上座仏教の仏像が持ち込まれている。

回廊を出て後ろにまわれば、この寺院の最大の見所、高さ約

600mの断崖の上に出る。左右には屏風で包みこむように断崖が続き、眼下にはカンボジアの緑の大地が広がる。ここに立って眼前の雄大な景色を見ていると、わが領土といった感じがして、クメールの王たちがここを聖地として崇めた気持ちが理解できる。このロケーションの素晴らしさは本家カンボジアでも得難いものだ。

　普通、観光客が訪れるのは乾期だが、ここは雨期も捨てがたい。早朝には、カンボジア側から湧き上がってくる霧が遺跡を覆い尽くすのが見られるかもしれないし、スコールの柱がカンボジアの大地に雨をもたらせて移動しているのに出会うことができるかもしれない。

　なお、駐車場から遺跡に向かって左前方に行くと、断崖に沿った遊歩道と展望台がある。そこの階段を降りて行くと、断崖の壁面に彫られた3人の人物の浮き彫りがある。ぜひ見ておいていただきたい。

■遺跡へのアクセス

❶シーサケート（約1.5時間）かウボンラーチャターニー（約2時間）から、ローカル・バスでカンタララック（KANTHARALEK）に行き、そこでバイク・タクシーか車を雇う（片道約35km）。

❷カンタララックから221号線を南下するソンテウでバーン・ブム・サロン（BAN PHUM SARON）に行き（本数が少ない）、そこでバイク・タクシーを雇う（片道約13km）。

■宿泊

カンタララックの町に、数軒のホテルがある。市場の近くのホテルは、ちゃんとしている。遺跡をじっくり見たいのなら、ここに泊まることをお勧めする。シーサケートやウボンラーチャターニーには、各種ホテルがある。

22 プラサート・ドゥ・トラーン ★
PRASAT・DOU・TRUAN

プリヤ・ヴィヒヤの数km手前を南へ数km行くと、ダンレック山脈の端、断崖の縁に出る。すぐ横にはタイ軍の国境警備隊のキャンプ地がある。そこに祠堂が1基建っていて、拝殿の部分は柱だけが残っている。

　祠堂は、全体の3分の1はラテライトで、その上部はレンガで造られている。砂岩の柱には碑文が彫り込まれていて、1002年に建立されたことがわかる。舗装道路から分かれて最後の数kmは、荒れた原野を切り開いたような道を行くので心細い。

■遺跡へのアクセス

プリヤ・ヴィヒヤに行くついでに、まわってもらう。

プリヤ・ヴィヒヤ　第I楼門

プリヤ・ヴィヒヤ

ナーガ
ここからの
アングルがいい
大蛇と闘う
クリシュナ神
破風：乳海攪拌
クリシュナ
まぐさ石：横たわるヴィシュヌ神

N

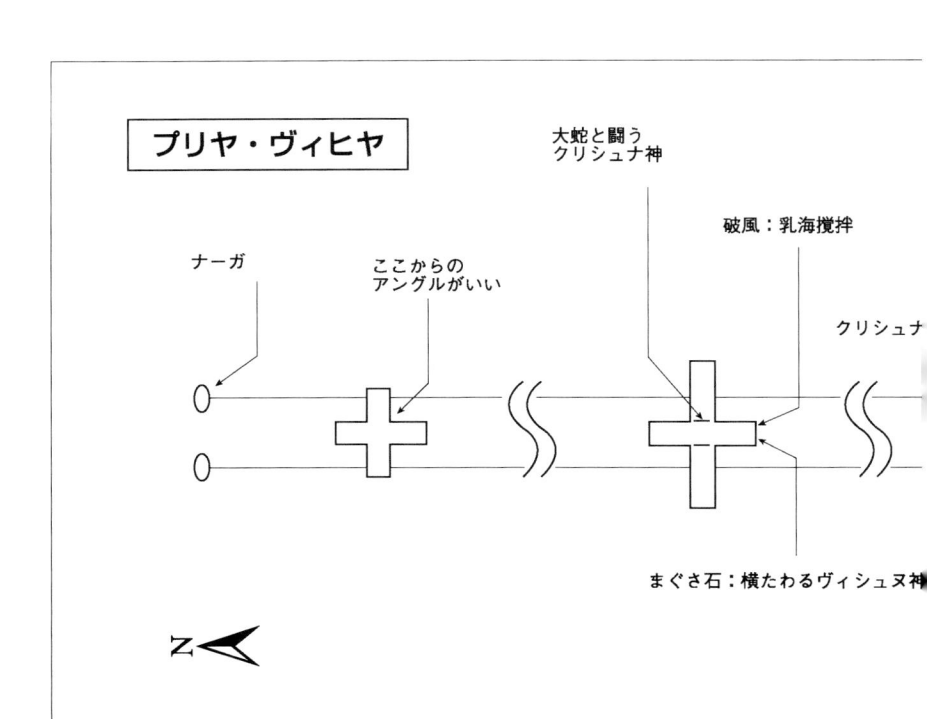

プリヤ・ヴィヒヤ　第2楼門　乳海攪拌（破風）

：馬をとらえるクリシュナ神
さ石：シヴァ神とウマー

踊るシヴァ神

インドラ神

ナンディンに乗る
シヴァ神とウマー

断崖

シヴァ神

地面に置かれた
レリーフ

ヴァルダナ山を
えるクリシュナ神

プリヤ・ヴィヒヤ、プラサート・ドゥ・トラーン★173

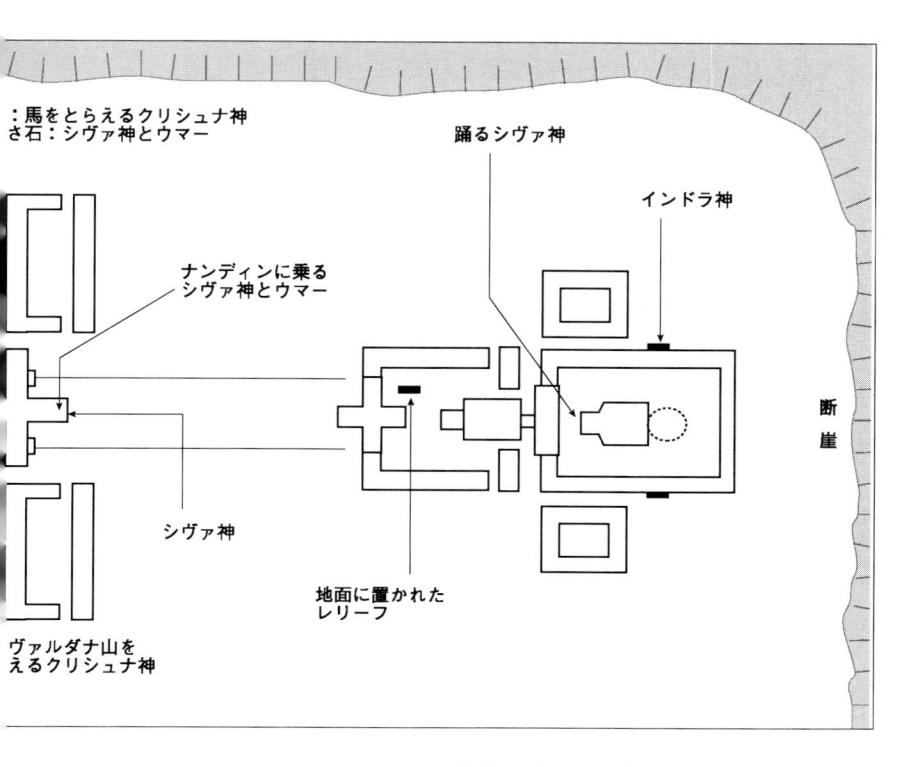

プリヤ・ヴィヒヤ　鎌首を持ち上げたナーガ

プリヤ・ヴィヒヤ　第3楼門　ナンディンに乗るシヴァ神

プラサート・ドゥ・トラーン

23 プラサート・バーン・ベン ★
PRASAT・BAN・BEN

ウボンラーチャターニーの西南約60km、ラテライトの基壇の上に11～12世紀頃の3基のレンガの祠堂が建つ。中央の祠堂はなんとか原形を保っているが、両サイドは地盤沈下して傾いたままだ。

修復は終わっているが、ここではその傾いたままの現状で維持されている。ラテライトの部分にセメントを使い、それをこげ茶色に塗るといったお手軽な手法を一部に用いている。

ここにあった象や馬、獅子や牛などに乗った9神像は、ウボンラーチャターニーの博物館に展示されている。

■遺跡へのアクセス
ウボンラーチャターニーから、国道24号線を行くバスでデット・ウドム（DET UDOM）に行き（約1時間）、そこでバイク・タクシーかオート三輪を雇う。遺跡への道は、国道2192号線を西に行き、2214号線との十字路を数km南下したバーン・ノン・オーム（BAN NONG OM）にある。

■宿泊
ウボンラーチャターニーに各種ホテルがある。

24 プラサート・ノーン・トンラーン ★
PRASAT・NON・TONRANG

国道に、手作りのような木製の小さいタイ語の標識が出ているだけで、わかりにくい場所にある。国道からの道も草に覆われかけている。全く手がつけられていない、タイでは珍しい遺跡だ。

レンガの小さな祠堂が2基残っているだけだが、それすら草木に埋もれてしまっている。祠堂の基壇の部分は土に覆われているので、それを取り除けばもう少し大きく感じられるかもしれない。

レリーフの類も地面に埋もれているのか、見あたらない。このまま崩れ去るのだろうか。12世紀の建物と思われる。

■遺跡へのアクセス
バーン・ベンに行く時に、いっしょにまわる。デット・ウドムから2192号線を約10km、バーン・ター・ポシー（BAN THA POSI)の近くにある。

プラサート・バーン・ベン

プラサート・ノーン・トンラーン

25 プラサート・カンペーン・ヤイ ★★
PRASAT・KAMPHAENG・YAI

　ウトゥムポン・ピサイ(UTUMPHON PHISAI)駅の西1kmの線路沿いにある、11世紀のバプーオン様式の寺院だ。4基の祠堂に2基の経蔵を配し、それらを回廊でかこんでいる。いずれの建物も上半分は崩壊し、なくなってしまっている。

　堂塔はレンガを主に用い、戸口や破風には砂岩の部材を使っているのだが、修復が雑だったためか、新しく使ったレンガの部分が重さに耐えきれなくなって、一部にヒビが入っている。

　砂岩に彫られたレリーフには完全なものはないが、興味を引くものが幾つも残されている。2つの異なったパターンの聖牛に乗るシヴァ神とウマー、象に乗るインドラ神、横たわるヴィシュヌ神などおなじみのものだ。

　ここから出土した高さ126cmの青銅の門衛像ドヴァラパーラは素晴らしいもので、ピマーイ博物館の正面入口に飾られている。左手を腰にあて、失われている右手は槍のような武器を持っていたと思われる。

　現在、まわりはきらびやかな上座仏教の寺院にかこまれ、僧侶のための学校もある。小坊主の中には、カンボジアから勉強に来ている子もいる。

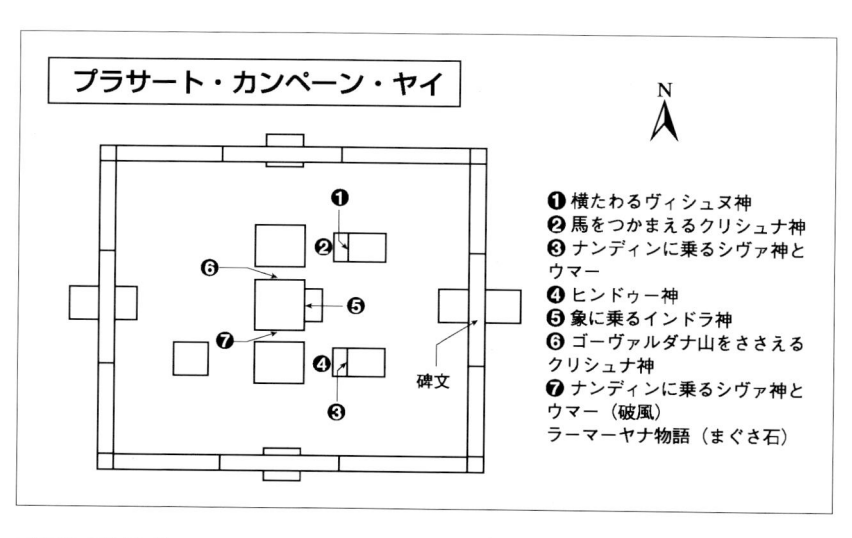

プラサート・カンペーン・ヤイ

❶ 横たわるヴィシュヌ神
❷ 馬をつかまえるクリシュナ神
❸ ナンディンに乗るシヴァ神とウマー
❹ ヒンドゥー神
❺ 象に乗るインドラ神
❻ ゴーヴァルダナ山をささえるクリシュナ神
❼ ナンディンに乗るシヴァ神とウマー（破風）
ラーマーヤナ物語（まぐさ石）

碑文

■遺跡へのアクセス
❶シーサケート駅から、列車で西へ20分程の所にあるウトゥムポン・ピサイ駅で下車。駅の北側に出て、線路沿いに約1km西へ行く。
❷シーサケートからバスでウトゥムポン・ピサイに行き、そこでバイク・タクシーを雇う。バスは町の市場に到着する。そこから南に約1km行くと、鉄道駅にいたる。

■宿泊
シーサケートかスリンに泊まる。

プラサート・カンペーン・ヤイ

プラサート・カンペーン・ヤイ　ナンディンに乗るシヴァ神（まぐさ石）

プラサート・カンペーン・ヤイ　象のアイラーヴァタに乗るインドラ神（まぐさ石）

26 プラサート・カンペーン・ノーイ ★
PRASAT・KAMPHAENG・NOI

シーサケートの町から北西へ約10km、国道沿いにある寺院。12世紀末〜13世紀初めにかけて、ジャヤヴァルマン7世が全土に102ヵ所建てた施療院の1つである。祠堂、経蔵を、東側に楼門を持つ周壁でかこみ、東北の位置に聖池を配した典型的なスタイル。すべてラテライト造りで、タイの施療院としてはごく普通のものだ。

修復の手はまだ入ってないが、楼門は崩れ、祠堂も材木で支えをしている。レリーフはほとんど摩滅していて、祠堂の前に置かれたまぐさ石も、象に乗るインドラ神か、牡牛に乗るシヴァ神か判然としない。簡単に公共バスで行ける遺跡だ。

■遺跡へのアクセス
シーサケート駅の南1km程にあるバス・ターミナルからウトゥムポン・ピサイ行きのバスに乗り(約10km)、226号線沿いにある遺跡で降りる。

■宿泊
シーサケート駅の北側に数軒のホテルがある。

27 プラサート・ファイ・タップ・タン ★
PRASAT・HUAY・TAB・TAN

ファイ・タップ・タン駅の北東10km程の村の中、ちょっとした高台にある上座仏教寺院の境内にある。プラサート・バーン・プラサート(PRASAT BAN PRASAT)とも呼ばれる。11〜12世紀のもので、ラテライトの塀にかこまれた中に細身のレンガ造りの祠堂が3基建つ。

珍しく先端部分まで残されていて、タイ風修復の跡だと思われる。中央祠堂にはまぐさ石がはめ込まれているが、かなり摩滅している。地面に、乳海撹拌のまぐさ石の断片が置かれている。村に行く道はわかりづらい。

■遺跡へのアクセス
シーサケート駅から列車で西へ約30分、ファイ・タップ・タン駅で下車、バイク・タクシーを雇う(北東へ片道7〜8km)。

■宿泊
シーサケートかスリンに泊まる。

プラサート・カンペーン・ノイ

プラサート・ファイ・タップ・タン

プラサート・カンペーン・ノイ、プラサート・ファイ・タップ・タン

28 プラサート・プラーン・クゥー ★
PRASAT・PRANG・KU

プラーン・クゥー(PRANG KU)の町は、シーサケートの南西約70kmに位置する。その町外れ、大きな貯水池の西側に、12世紀のレンガの祠堂が3基、ラテライトの基壇の上に建っている。北側の祠堂だけは、下部にラテライトを使っている。

　以前はレリーフの施されたまぐさ石もこの場所にあったのだが、今はピマーイの博物館に展示されている。ガルーダに乗ったヴィシュヌ神、象に乗るインドラ神、蛇に締め上げられるラーマ兄弟の3本のまぐさ石だ。ちなみに、この町のシンボル・マークは3基の祠堂をあしらったものだ。

■遺跡へのアクセス
列車かバスでファイ・タップ・タンへ行き、そこから2167号線を南下、プラーン・クゥーの町へ行くか、シーサケートから220号線を南下、そこから左折2167号線をプラーン・クゥーに向かう。ここでバイク・タクシーをチャーターする。遺跡は町の西約5km、大きな貯水地の西側にある。

■宿泊
シーサケートに泊まる。

29 プラサート・タム・チャーム ★
PRASAT・TAM・CHAM

プラーン・クゥーの町の北東、約10kmの所にあり、プラサート・バーン・サモー(PRASAT BAN SAMOH)とも呼ばれている。

　ラテライトの祠堂と経蔵を、東側に楼門を持った周壁でかこみ、東北に聖池を配する。13世紀前後に造られたジャヤヴァルマン7世の施療院と思われる。南側のまぐさ石にかすかに浮き彫りを見ることができる。

　境内には精霊信仰のピーを祀る祠が建てられている。小さな村の、訪れる人のない放置されたままの小さな遺跡だ。

■遺跡へのアクセス
行き方はプラサート・プラーン・クゥーと同じ。遺跡は、町から北東約10kmの所にある。

プラサート・プラーン・クゥー

プラサート・タム・チャーム

プラサート・プラーン・クゥー、プラサート・タム・チャーム★183

30 プラサート・タ・レン ★
PRASAT・TA・LENG

プラーン・クゥーの南東、10数kmにある村の中に小さな林があり、その中心に上部の崩れたままの祠堂がある。砂岩の小さなもので、側柱にはハンサを図案化したレリーフが、破風の外飾りにはナーガが彫り込まれている。祠堂の正面東側には、摩滅しているが、象に乗ったインドラ神のまぐさ石が置かれている。さらにまわりには、まぐさ石やレリーフの破片が転がされている。村の鎮守の森のようないい雰囲気を持った廃墟だ。11〜12世紀のバプーオン様式のもの、正面の道は貯水池につづく。

■**遺跡へのアクセス**
行き方はプラサート・プラーン・クゥーと同じ。遺跡は町から南東へ10数kmの所にある。

プラサート・タ・レン

その他のクメール遺跡

プラサート・ナライ・チェン・ウェン ★★
PRASAT・NARAI・JAENG・WAENG

　東北タイの最深部、サコーンナコーン(SAKHON NAKHON)の町はずれ。仏教寺院の境内に、1基の砂岩の祠堂がぽつんと建っている。11世紀に建立されたもので、修復がなされているが、コンクリートの柱で支えをしている、一時的で雑なものだ。
　東正面破風には12本の腕を持つシヴァ神、まぐさ石には2頭のシンハと戦うクリシュナ神が描かれている。南のまぐさ石には象に乗った人物と人々の行進の様子が、北側のまぐさ石にも東側と同じクリシュナ神の浮き彫りが残されている。北の破風のレリーフは、この寺院の名前のもとになったナライ神(ヴィシュヌ神)の横たわっている図柄だ。
　北側の基部には、屋根の水を下に落とす溝が造られ、マカラの頭部が置かれている。いずれの彫刻も、地元の職人が彫ったと思われるおおらかさが溢れている。

■遺跡へのアクセス
サコーンナコーンの町でバイク・タクシーをチャーターする。遺跡は町から約5km行った国道わきにある。

■宿泊
サコーンナコーンの町中にホテルはあるが、北東へ約70km行った所にあるメコン川に面したナコーンパノムのほうが数が多い。

プラサート・ナライ・チェン・ウェン

プラサート・カオ・ノーイ ★
PRASAT・KHAO・NOI

カンボジアとの国境の町アランヤプラテートの南東10kmほどの小山の上にある。7世紀半ばに建てられ、その後11世紀に再び手を加えられている。3基の祠堂が建っていたのだが、現在は中央の祠堂を除いて基部が残っているだけだ。それも、真新しいレンガを使った修復が施されていて歴史を感じることができない。

　数本のまぐさ石が残されているが、全てレプリカだ。本物はバンコクから140kmほど東へ行ったプラチンブリーの博物館に収蔵されていて、5本のまぐさ石が展示されている。保存状態も良いプレ・アンコール時代のものでタイでは珍しい。

■遺跡へのアクセス
❶バンコックの北バスターミナルからバスで約4時間でアランヤプラテートに着く。
❷バンコックの中央駅から1日2本のローカル列車で6〜7時間、アランヤプラテート下車。ここでバイク・タクシーを雇う。

■宿泊
町中に数軒のホテルがある。カンボジアに行く時は、この町で1泊した後、早朝から次の目的地へ行ったほうが安全だ。

プラサート・カオ・ノーイ

ムアン・シン ★★
MUANG・SINGH

　タイ西部の町カンチャナブリーの北西約45kmにあるクメール遺跡。修復を終え、緑の芝と木々にかこまれた遺跡公園になっている。12世紀末〜13世紀初めにかけてのジャヤヴァルマン7世時代に造られた大乗仏教寺院だ。

　往時は、クメール帝国の西の守りとして、およそ東西1400m南北800mの地域に町が作られていた。その中心に造られた寺院は、全てラテライトを使用していて、祠堂と4つの楼門を持ち、その楼門を回廊でつなぐ形の伽藍配置を持っている。

　西門を除き、上部はほとんど残っていない。タイではよくあることだが、ちゃんとした調査をやらずに修復をやったのか、想像の部分もかなり入っているようだ。回廊の内側に生えていた樹木の一部はそのまま残していて、そういった点ではいい雰囲気が保たれている。広々とした公園内は木々が多く、建物の基壇が所々残っているだけで、他には何もない。

■カンチャナブリーへのアクセス
❶バンコックのトンブリー駅から列車で約3時間。
❷バンコックの南バス・ターミナルからバスで約2時間。

■遺跡へのアクセス
❶カンチャナブリーからナムトック方面のバスで約1時間、国道脇にある。
❷カンチャナブリー駅からナムトック行きの列車に乗り、ター・キレン（THA KILEN）下車（約1.5時間）。そこから1kmちょっと、徒歩でも20分程。

■宿泊
カンチャナブリーの町を流れる川沿いに、若者向けのゲストハウスが多数あり、町中や郊外にも各種ホテルがある。バンコックから日帰りもできるが、遺跡の他にも周辺に見所があるので、この町で泊まることをおすすめする。

■注意点
土・日曜日には、バンコックからの日帰り観光客向けの列車が、バンコック中央駅からナムトックへ1往復している。

ムアン・シン　東楼門

カンペーン・レーン ★
KAMPHAENG・LAENG

タイに残るクメール建築としては一番南に位置する。13世紀に建てられたが、今はペッチャブリー市内の仏教寺院の境内にある。祠堂のまわりをラテライトの塀で囲んでいるが、これは後に積み直したもののようだ。

　3基の祠堂が南北に並んでいたが、中央祠堂は上半分がなくなり、北祠堂は基壇のみ、南祠堂だけはほぼ完全に残っている。東に楼門が建ち、西にもそれらしき基壇がある。東北の角には池が残る。もともとは漆喰が塗られていたようで、一部の建物の表面に見ることができる。

　1956年に、祠堂内からシヴァ神の妃ウマーの像が発見された。ここは古い町で、町中に数多くの仏教寺院が残っており、丘の上には現王朝の離宮もある。バンコックから日帰りの距離なので気楽に行ってみたい。

■ペッチャブリーへのアクセス
❶バンコック中央駅から南部線列車で約3時間。
❷バンコックの南バス・ターミナルからバスで約2時間。

■遺跡のまわり方
町は歩いてまわることができる大きさだ。バス・ターミナルは町外れにあるので、バイク・タクシーを利用するといい。

■宿泊
ペッチャブリーの町に手頃な値段のホテルもあるが、バンコックから日帰りした方がいいだろう。

カンペーン・レーン

ロップリー

LOPBURI

ロップリーの歴史的背景

　5〜9世紀、ラウォーと呼ばれていたロップリー（LOPBURI）は、モン族系のドヴァラヴァティー文化が栄えていたが、10世紀以降クメールの勢力が伸びてくるにつれ、その影響を受けて、独立と従属を繰り返した。
　14世紀に入り、帝国が衰退した後は、スコータイのタイ人がクメールを追い払い、後には、同じくタイ人のアユタヤ王国が進出してきた。
　こうして、歴史の流れの中でロップリーは次第に重要性を失っていったが、17世紀のナライ王がここを第2の王都に選んだことにより、新たに西洋文化が流れこみ、一時的に繁栄を謳歌した。
　現在は地方の田舎町になってしまったが、ロップリーでは今なお歴史の変遷を示す建造物を町中に見ることができる。ここでは、クメール関係の遺跡を紹介しよう。

プラーン・サーム・ヨード ★★
PRANG・SAM・YOD

　ロッブリーの駅から北へ数百m行った線路沿いに、ラテライトの3基の祠堂を回廊でつないだ形の寺院が建っている。13世紀前後にジャヤヴァルマン7世によって造られたと思われる。ジャヤヴァルマン7世の生存中は大乗仏教の寺院だったが、後に上座仏教の寺院になってしまった。

　壁面には漆喰が塗られ、ナーガや神像、模様の一部が残っているが、これらはアユタヤ初期になって造られたようだ。祠堂の東側に残るレンガの建物跡は、17世紀にアユタヤ王朝のナライ王によって付け加えられた。

　タイのロッブリー文化の象徴であるこの建物は、古くはお札にも描かれていた。今は商店と線路にかこまれた町中の小公園になっている。ゴチャゴチャした町中、それも線路脇に古色蒼然としたクメール風の祠堂が建っている姿は異様だ。

プラーン・ケーク ★
PRANG・KHAEK

　ロッブリーの町のど真ん中、道路と商店街に接したヒンドゥー寺院。10世紀頃に造られた東を向いた3基のレンガの祠堂が建っている。もともとロッブリーはモン族の町で、この祠堂も、勢力を伸ばしてきたクメール族の影響下にモンの人たちが建てたと思われる。

　何度も手が入れられているためか、古さは感じない。商店の軒先に接し、車にぶつけられそうな道路脇に建っている。こういった環境の遺跡も珍しい。

ワット・マハータート ★★
WAT・MAHATHAT

　ロッブリーの駅前に残る遺跡。中央のクメール風プラーンを中心に、回廊跡や大小異なったタイプの仏塔、建物の基部が残っている。クメール帝国が力を持っていた時期に造られた神殿跡に、土地の人々が増改築を繰り返し、14世紀のアユタヤ期に入ってからは、プラーンの壁面を飾る漆喰の彫刻や模様が加えられた。

　その後もプラーンは継ぎ足され、新たな建物も増築された。17世紀のナライ王の治世には、回廊や布薩堂などにアーチを付け加えるなど、今までなかった西洋の建築技術を導入していった。

中央の一番大きなプラーンはラテライトで、他はほとんどレンガで造られている。広い敷地は管理され、柵で囲まれている。様々なタイプのいにしえの建物が建ち並び、それが国鉄の駅の真ん前にある、ということに驚かされる。

プラ・ナライ・ラーチャニウェート国立博物館 ★
PHRA・NARAI・RATCHANWET

17世紀、アユタヤ王朝のナライ王が造った宮殿跡に国立博物館がある。タイではロップリー様式と呼ばれているクメール様式の彫像が多数展示されている。ほとんどはロップリー出土のものだが、明らかにクメールの影響を受けたもので、なぜ素直にクメール様式と呼べないのだろうか。一見の価値はある博物館だ。

■ロップリーへのアクセス
❶バンコック中央駅から北部線で2〜3時間。
❷バンコックの北バス・ターミナルからバスで約2.5時間。

■遺跡のまわり方
市内の見所は全て歩いてまわることができる。

■宿泊
市内に4〜5軒のホテルあるが、バンコックに泊まった方がいいだろう。

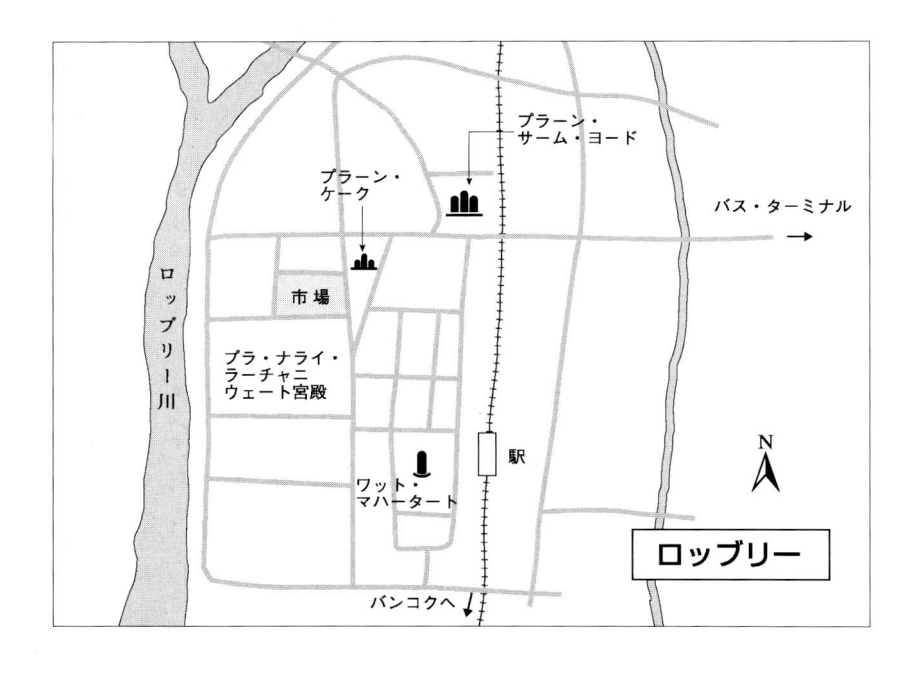

プラーン・サーム・ヨード

プラーン・ケーク

ワット・マハータート

プラーン・サーム・ヨード、プラーン・ケーク、ワット・マハータート、プラ・ナライ・ラーチャニウェート国立博物館

スコータイ

SUKHOTHAI

スコータイの歴史的背景

　13世紀、インドシナに巨大な領土を誇っていたクメール帝国は、ジャヤヴァルマン7世の治世を最後に、急速に勢力を失っていった。そんな中で、タイ人の土侯プラルワン家とパームアン家の2人の首長が、自分たちの勢力を結集し反乱を起こした。クメール軍を破った彼らは、スコータイの地にタイ人初の王国を建国、プラルワン家の首長はシーイントラティット王の称号を受けた。
　13世紀末、3代ラームカムヘーン大王の時代に至って、領土は拡張され、王国は全盛期をむかえた。大王碑文に書かれているように、豊穣な国土に恵まれ、善政が敷かれた理想国家であったようだ（諸説がある）。特に、シーサッチャナーライ、ピサヌローク、カンペーンペットは最も重要な衛生都市として栄えた。大王はまた、スリランカから上座仏教を取り入れ、中国からは陶芸を学んで、スワンカローク焼きを生みだし、さらにはクメール文字を改良してタイ文字を創りだした。
　14世紀半ば、6代リタイ王の時代、領土は縮小されていったが、上座仏教は国中に広まった。仏教の偉大な保護者であり、学者でもあった王自身、一時出家するなどして人々に範をたれ、多くの寺院や仏像を造った。
　全盛期を過ぎた王国の実力を知っていたリタイ王は、領土内のアユタヤにウートーン王が勢力を伸ばしはじめた時も、ピサヌロークに遷都するなどの対策はとったが、服従させようとはしなかった。1436年、スコータイ王国は、実力をつけたアユタヤの統治下に入ることになる。
　スコータイの王たちは、クメールからの独立と自由をなによりも意識し続けたようだ。寺院の塔を見ても、以前からあるクメールの塔をそのまま使っている場合もあるが、スリランカ風、北部タイ風、南部タイ風のものなど様々な形の仏塔を建てている。そして、スコータイ独特の蓮蕾型の仏塔が生みだされた。仏像においても、遊行仏という独特のスタイルの仏像を造った。クメールの影響を排し、独立を果たした国にふさわしい様式だ。

スコータイ遺跡

SUKHOTHAI

スコータイ遺跡地域の現状

現在のスコータイ市の西12km、「ムアン・カオ」(古い町)と呼ばれる地域に、スコータイの遺跡はある。

スコータイ遺跡は、タイ政府がユネスコの援助によって整備した歴史公園だ。東西1800m南北1600mの城壁に囲まれた中心部と、その外部の東西南北の5つのエリアに分かれる。中心部はきれいに公園化されすぎて、歴史の重みを洗い落としてしまっている。

公園の東側には貸し自転車屋や土産物や雑貨屋が軒を並べ、地元の人のための市場も開かれている。城外西部では人家も疎らな樹林の中に、また南部では田園風景の中に、点在する遺跡を楽しむことができる。

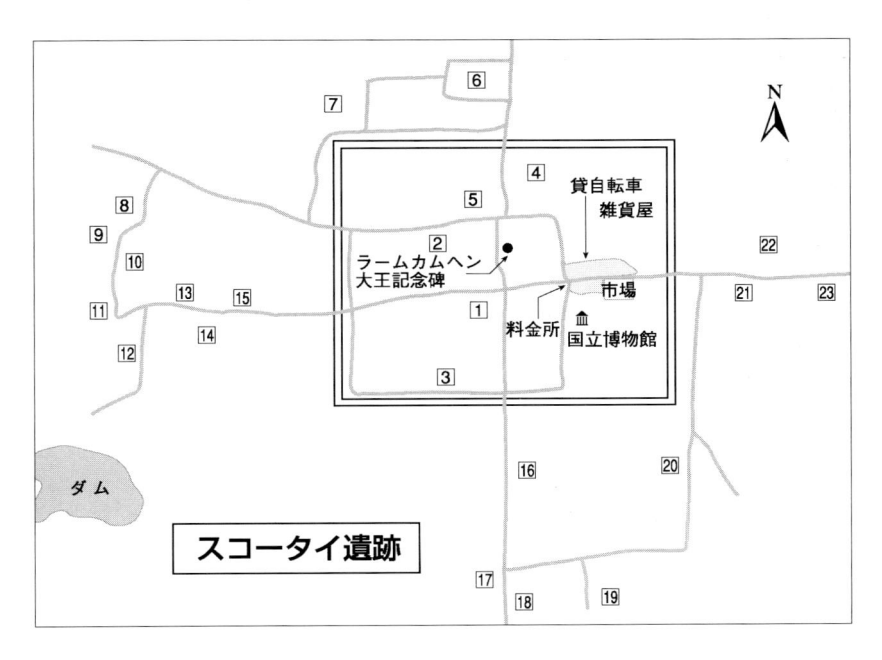

■城内の遺跡

1 ワット・マハータート ★★★★
WAT・MAHATHAT

歴史公園の中央にある王室専用寺院で、13世紀から約200年にわたってスコータイの中心となった。国を興したシーイントラティット王が創建、14世紀半ばリタイ王により拡張された。

200m四方の堀に囲まれた寺院の中には、様々な様式の仏塔が建てられていて、時代の流れ、外部の影響がよくわかる。

中心にそびえる塔はスコータイ独特の蓮蕾型の仏塔で、その基壇にはずらりと遊行仏が並べられている。塔の左右にはすらりとした高さ8mの仏立像を納めた建物が配置されて、正面にはラテライトを重ねた柱が林立し、その前の高いレンガの基壇には仏像が座している。この基壇部分はアユタヤ時代のものだ。

これら2体の立像と座像は古さびていて、いい感じが出ていたが、近年タイ人が美しいと思う姿、白塗りにされてしまった。残念なことだ。

中央塔の南には、レンガづくりの四角い仏塔があり、四方に仏座像が安置されている。

5つの池、18の聖堂、185基の塔が点在しているここは、一大宗教センターだ。広い境内には大きな樹木が残されていて、木陰を吹き抜ける風が心地良い。特に夕暮れ時は西の山に日が沈み、遺跡全体が穏やかな静寂に包まれる。

2 ワット・スラシー ★
WAT・SRA・SI

ワット・マハータトの北西の池に浮かぶ島に、スリランカ様式の仏塔が建っている。スコータイ末期、15世紀前後に建てられたと思われる。塔の東側には本殿の基壇が残って、1体の仏像が座している。仏塔の脇に立っている流れるようなラインを持つ仏像はスコータイ独特の遊行仏だ。

ワット・マハータート　様々な様式の仏塔

ワット・マハータート　四角い仏塔とスコータイ仏座像

ワット・マハータート

ワット・スラシー

3 ワット・シー・サワイ ★★
WAT・SRI・SAWAI

　３基のクメール風仏塔を持つ寺院。13世紀、スコータイがクメールから独立する以前に建設されたと言われる。ここから、石に彫られた、横たわる姿と直立した姿のヴィシュヌ神が発見された。元はヒンドゥーの神殿だった証だ。

　スコータイ期に入って、タイ人によってヒンドゥー寺院から仏教寺院に改められたようだ。ラテライトとレンガによって造られた２重の囲いの中に仏塔は建っている。

　塔の一部には、漆喰で造られたレリーフが残されている。中央塔上部、まるでセメントを塗りたくったような修復の仕方は、やりすぎであまり感心しない。

4 ワット・ソラサック ★
WAT・SORASAK

　ワット・マハータートの北600mにある。小さな仏塔の基壇を支える形で、半身の象が配されている。スコータイでよく見る形だ。これはスリランカの仏塔形式で、「世界の中心にあるメール山は多数の象によって支えられている」という神話に基づいたものだ。

　城壁の外、東には、より大きな同じ形のワット・チャーン・ロムがある。タイ人好みにきれいに修復されているのだが、基壇を取り囲む象が新しすぎて興をそぐ。

5 ター・パー・デーン ★
TA・PHA・DAEN

　スコータイに残る最も古いラテライトのクメール建造物。祠堂の上部は失われているが、前室の部分は残っている。ここからヒンドゥーの神像が出土したが、その像の様式から、この建物も12〜13世紀にかけて建てられたと推測される。建物のいわれを知らなければ素通りしてしまいそうだ。

ワット・シー・サワイ

ワット・ソラサック

ター・バー・デーン

■城壁の北側

6 ワット・プラ・パーイ・ルアン ★★
WAT・PHRA・PAI・LUANG

クメール風の塔を持つ寺院。元はワット・シー・サワイと同じく3基の塔が建っていたが、今は北側の1基が残るのみ。12世紀末、ジャヤヴァルマン7世の時に造られたと言われている。クメール帝国期の中心的寺院で、塔の東側に立ち並んでいる柱は寺院の屋根を支えていたものだ。

さらに東側には、後に支配者になったタイ人によって13世紀半ばに造られた仏殿跡があり、今も塔や仏像の残骸が残っている。礼拝堂跡と思しき所には、傷んでいるが、巨大な遊行仏が立っている。辛うじて残った古びた塔は、クメール帝国の凋落を象徴しているようだ。

7 ワット・シー・チュム ★★★
WAT・SI・CHUM

約15mの高さの降魔仏座像が仏殿の中に納まっている、スコータイの有名寺院。仏像は、左手を組んだ足の上に置き、右手は膝の前に指を揃えて、大地に向けてすらりと伸ばす形をとっている。この大地を指さすしぐさは、大地が裂け悪魔が吸い込まれしまったことを意味している。

仏像は1292年にラームカムヘーン大王によって、現存の仏殿の方は14世紀に入って建立されたと言われている。近年、仏像の全身を真っ白に塗り直してしまった。タイ人の美意識のなせる技だろうか。理解し難い。

ワット・プラ・パーイ・ルアン

ワット・シー・チュム　降魔仏座像

■城壁の西側

8 ワット・サパーン・ヒン ★★★
WAT・SAPHAN・HIN

　城外西約2.3kmの丘の上に、高さ12.5mの仏像が東を向いて立っている。すらりとした美しい仏像で、優しげに人々を見おろしている。寺院の名サパーン・ヒン(石の橋)が示すごとく、所々崩れた土盛りの上に敷かれた石の道が、丘の上まで続いている。
　13世紀末、ラームカムヘーン大王は、スリランカから入ってきた上座仏教のため、この寺院を建立した。仏教の祭日には、大王自身、象に乗ってここを訪れたという。高さ200mの丘の上は、旧都スコータイの全域を一望するには絶好の場所だ。

9 ワット・カオ・プラバート・ノーイ ★
WAT・KHAO・PRABAT・NOI

　ワット・サパーン・ヒンから少し南に行った丘の上に、仏塔が建つ。塔の前には敷石が壊れて散乱していて、荒れた感じのする遺跡だ。ここから発見された仏足石は、ラームカムヘーン博物館に納められている。塔の形から、アユタヤ初期に建立されたか改装されたと思われる。

10 ワット・チャーン・ロブ ★
WAT・CHANG・ROB

　林の中に埋もれるように建つ寺院。釣り鐘状のスリランカ風仏塔の基壇を24頭の象が支える形をとっている。現在は、完全な形で残っている象はほとんどない。城内に残る同形の仏塔、ワット・ソラサックに比べると、打ち崩れつつある感じが好もしい。

11 ワット・チェディー・ンガーム ★★
WAT・CHEDI・NGAM

　丘の上、正方形のレンガ基壇の上に、整った形のスリランカ風仏塔が建つ。「美しい仏塔を持つ寺」という呼び名の通り、保存状態のいい仏塔だ。ここから出土したブロンズの仏陀立像は、ラームカムヘーン博物館に展示されている。

ワット・チャーン・ロブ

ワット・サパーン・ヒン

ワット・チェディー・ンガーム

ワット・サパーン・ヒン、ワット・カオ・プラバート・ノーイ、ワット・チャーン・ロブ、ワット・チェディー・ンガーム ★207

12 ワット・カオ・プラバート・ヤイ ★
WAT・KHAO・PRABAT・YAI

樹林地帯の丘の上、寺院の廃墟が残る。碑文によると、6代リタイ王が1360年、スリランカにある仏足のレプリカをここに納めたことに始まる。今は他の寺院群とも離れ、誰も訪れることもなく、石柱と上部のなくなった仏塔が残るだけの崩れゆく遺跡だ。

13 ワット・マンコン ★
WAT・MANGKON

「竜の寺」と呼ばれるこの寺院は、創建当時、装飾として陶器が使われ、スリランカ風の仏塔の基壇は象で支える形をとっていたと思われる。しかし現在は、むき出しのレンガの傷んだ仏塔と、お堂の基部が残るのみだ。境内には石のセーマ(結界石)が置かれている。

現在、遺跡は道路を塞ぐかたちで残されている。そのため否応なしに目に入るが、あまり魅力は感じない。

14 ワット・プラ・イェーン ★
WAT・PHRA・YUEN

周囲を畑に囲まれた平地、10m四方の高い基壇の上に、ラテライトの柱と首のなくなった仏像が直立している。訪れる人もなく、草に覆い隠されつつある小さな寺院だ。自然に同化しつつある姿が好ましい。

15 ホー・デヴァライ ★
HO・DEVALAI

大部分の時間と資金を、寺院と仏像、そして道路建設に費やしたと言われる6代リタイ王によって造られたとされている。今は道路脇に幾つかの建物の基壇と、レンガで造られた大きな柱が残るだけで、見るべき所もない。しかし、「神の住まい」を意味する名を持つこの寺院の境内から、スコータイ期の素晴らしい4体のヒンドゥー神像が出土した。これらブロンズ製の神々は、バンコックの国立博物館に展示されている。

ワット・マンコン

ワット・プラ・イェーン

ホー・デヴァライ

ワット・カオ・プラバート・ヤイ、ワット・マンコン、ワット・プラ・イェーン、ホー・デヴァライ★209

■城壁の南側

16 ワット・トン・チャン ★★
WAT・TON・CHAN

「白檀(びゃくだん)の木のある寺」という名前のこの寺院は、道路から脇道に入った所にあるせいか、いつ行っても人に会うことがない。旺盛に茂る草に覆われた、近づき難い寺院だ。

上部のなくなった仏塔の東側に、高さ3mの傷んだ仏座像と寺院を支えていた柱が、崩れかけている。イメージ通りの南国の仏教遺跡だ。

17 ワット・チェトゥポン ★★
WAT・CHETUPHON

四方をぐるりと壕に囲まれた寺院。本殿には仏陀の座像、立像、涅槃像、遊行仏の4体の仏像が祀られていたが、現在、比較的良い形で残っているのは、東向きの遊行仏と西向きの立像の2体だ。特に遊行仏はスコータイ独特のもので、顔の部分はないものの、その大きさとあいまって、人目を引くには充分だ。

普通の寺院の建材はラテライトとレンガという例が多いのだが、ここには見事な石材も使われている。

遺跡の境内には、太陽を遮る木々が残されていないので、早朝か夕方、仏像の色が微妙に変化する頃訪れれば、暑さもしのげる。

18 ワット・チェディー・シー・ホン ★
WAT・CHEDI・SI・HONG

ワット・チェトゥポンと道路をはさんで向きあう。本殿と塔の一部が残るのみだが、ここの特色は、それらの基部に象と人物の漆喰レリーフが残っていることだ。他では見られないものだが、傷みが激しい。

ワット・トン・チャン

ワット・チェトゥポンの西側

ワット・チェディー・シー・ホン

19 ワット・シー・ピチット・キラティー・カラヤラム ★★
WAT・SI・PICHIT・KIRATI・KALAYARAM

水田の中、巨大な仏塔の建つ寺院。レンガ造りの本殿の基壇も残っている。水田と緑の木々、それらよりも 一段と高いレンガの仏塔。どこからでも目につく釣り鐘状のスリランカ風大塔は、周辺の景色に溶け込んで美しい。

20 ワット・アソカラム ★
WAT・ASOKARAM

道路脇に階段状の仏塔が残っている寺院。上部はなくなっているが、どういった形の仏塔だったのだろうか。塔の前面には、ラテライトの石柱が残っている。特に人目を引く寺院でもないが、道路脇にあるので、つい寄って見たくなる遺跡だ。

ワット・シー・ピチット・キラティー・カラヤラム

ワット・アソカラム

■城壁の東側

21 ワット・トラポン・トン・ラン ★
WAT・TRAPHANG・THONG・LANG

四角いレンガの本堂の外壁、三方に漆喰で釈迦の物語が描かれている。スコータイ美術の傑作と言われているが、実際見てみると傷みが激しく、その良さはわずかに残る部分部分に感じられるだけだ。このままでは、いずれ完全に失われてしまうだろう。

22 ワット・チャーン・ロム ★★
WAT・CHANG・LOM

城壁の東側、さらに道路から北へ入った所にあるため、訪れる人はあまりいない。大型のスリランカ風仏塔が建ち、基壇部には36頭の象の半身がはめ込まれていて、塔を支えている。スコータイ時代には、この象が支える形の仏塔が好まれたのか、よく見かける。スコータイ地域では、この形の仏塔はここが最大規模のものだ。

23 ワット・チェディー・スーン ★★
WAT・CHEDI・SOONG

「高い仏塔の寺院」という名のとおり、高さ33mのスコータイで一番高い仏塔を持つ。釣り鐘状のスリランカ風仏塔が、方形の高いレンガの基壇の上に乗せられている。スコータイ遺跡群に近づくにつれて左側に最初に目に入ってくる、印象的な仏塔だ。

■スコータイへのアクセス
❶バンコックの北バス・ターミナル(モチット)から約6〜7時間。
❷バンコック中央駅から列車でピサヌロークまで行き(約5時間)、そこからバスで約1時間。

■遺跡のまわり方
❶スコータイの町の川向こうから、頻繁に出ているソン・テウ(乗り合いトラック)でムアン・カオ(古い町)に行く。ソン・テウの終点に、市場や各種の店があるので、そこで貸し自転車かバイクを借りてまわる。
❷スコータイの町のゲストハウスなどでレンタル・バイクを借りてまわる。

■宿泊
ナイト・マーケットの近くに旅社やホテルがあり、ヨム川右岸にもゲストハウスが数軒ある。ナイト・マーケットのまわりには各種バス会社、レストランがあり、全てにおいて便利だ。このエリアだと、予算に応じて簡単に選べる。

■注意点
城外西側は樹林帯で人家はほとんどない。女性1人で訪れるのは避けたい。
　毎年11月頃に行なわれるロイ・カトーン(灯籠流し)の時期は、どこのホテルもすぐいっぱいになる。

ワット・チャーン・ロム

ワット・チェディー・スーン

シー・サッチャナーライ遺跡
SI・SATCHANALAI

シー・サッチャナーライ遺跡地域の現状

　ヨム川右岸の遺跡公園とその公園を囲む三方の地域、チャリエン(CHARIEN)の3つの地域に分かれている。チャリエンは、ヨム川が大きく蛇行した所にあり、スコータイが独立を得る以前、クメール族はここを拠点に一帯を支配していた。川を天然の壕と見れば、守りやすい自然の砦だ。
　数km北西に行くと、城壁に囲まれた歴史公園に入る。丘あり林ありといった自然溢れる環境にありながら、わりと手入れされた遺跡が残されている。自然と遺跡がほどよく調和のとれた場所だ。
　城外、特に南西一帯は、荒れ地や畑の中に遺跡が放置されているといった感じがする。定期的に草刈り程度は行なわれているが、未舗装の小道が遺跡をつないでいるだけで近づき難い。しかし、それはそれで、崩れ行くアジアの遺跡を感じさせて魅力的だ。

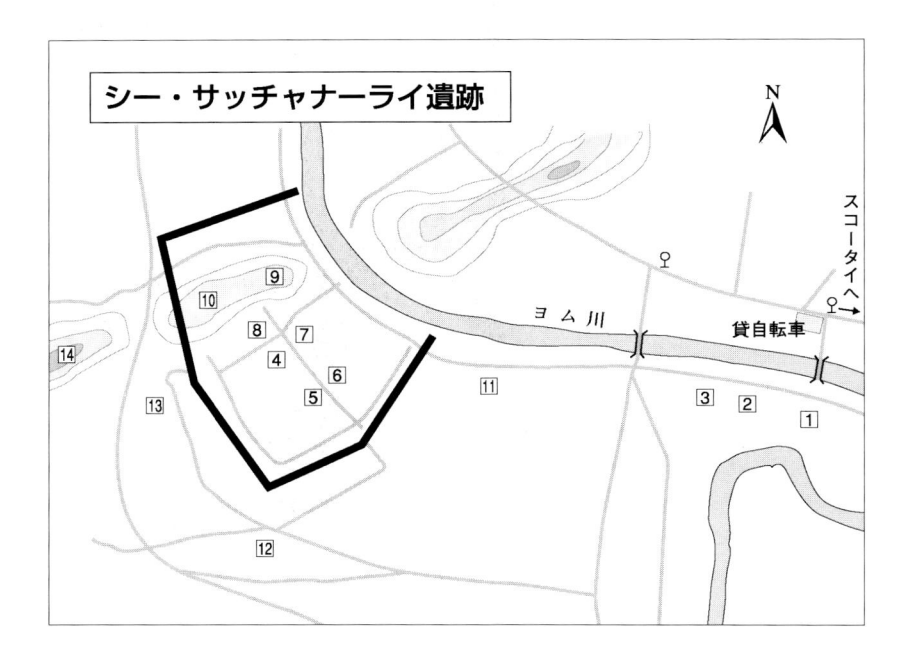

■チャリエン地区

1 ワット・プラ・シー・ラタナ・マハータート ★★★
WAT・PHRA・SI・RATTANA・MAHATHA

　シー・サッチャナラーイで最も古い地区の中心に、周囲を圧するクメール風の高い塔が建つ。これはアユタヤでよく見るタイプで、年代もその頃に建立または改修されたものだ。
　正面ラテライトの門の上には、漆喰で四方に人面を描いた小さな塔が置かれている。側面にはカーラが描かれていて、クメールの影響を感じさせる。
　入ってすぐ右にはナーガに座した仏像が、塔の正面にはスコータイ風の大仏座像、左側には遊行仏、右側にも半身を地面に埋めた形の立像が安置されている。
　境内西には立像を納めた建物が建ち、横の基壇の上には野ざらしの2体の座像がある。この座像は、風雨にさらされ地肌が露出していて、廃墟を感じさせてくれるものだったが、2〜3年訪れないでいる間に白塗りにされてしまった。タイ人は、遺跡にある仏像も過去の遺物ではなく信仰の対象として見ているため、きれいにしておきたいのだろうか。そのわりには地元の人が訪れている気配がない。遺跡として保存するなら、もう少しやり方を考えてほしい。これでは、できたばかりの安っぽい仏像のようで、魅力が半減する。寺院全体の印象は開放的で雰囲気もよく、朝はすぐ側が市場のようになっていておもしろい。

2 ワット・チャオ・チャーン ★
WAT・CHAO・CHAN

　マハータートの西500m程の所にある寺院。ラテライトのクメール風の塔が建っているが、こちらはオリジナルに近い形を残している。スコータイが独立する以前の13世紀前後、クメール帝国の王ジャヤヴァルマン7世の治世に造られたと思われる。
　木々に囲まれ小さくまとまった寺院だ。

3 ワット・チョム・チュム ★
WAT・CHOM・CHUM

　チャオ・チャーンの北、100m程離れた所に、壊れた仏塔の前にわりと状態の良い仏殿が残っている。小さな寺院だが、チャリエンと遺跡公園を結ぶ道路に案内板が出ていて、簡単に行けるので、寄ってみてもいい。

ワット・プラ・シー・ラタナ・マハータート

ワット・チャオ・チャーン

ワット・チョム・チュム

■遺跡公園内

4 ワット・チェディー・チェット・テーオ ★★★
WAT・CHEDI・CHET・THAEO

シー・サッチャナーライの中心的寺院。様式の異なった7種の仏塔が、合計33基建っている。中央に建つ仏塔は、蓮の蕾を形どったスコータイ独特のものだ。入口正面の南部タイ様式の仏塔には、ナーガに座した仏像が納められている。やや修復の手を入れ過ぎたきらいはあるが、タイではお馴染みのことである。
　その左右の仏塔は、神殿型のものだ。その他、スリランカの釣り鐘状のもの、北部タイ風のものなど、小さいながら様々な形の塔が残されている。王国各地の信仰の形を一堂に集めた聖なる場所だ。それによって王国の領土の広がりを示そうとしたのだろうか。主な仏塔の建立は14世紀の6代リタイ王による。

5 ワット・ナン・パヤ ★★
WAT・NANG・PHAYA

スリランカ風の仏塔と、仏殿の柱と壁の一部が残る。ここの見所は、壁に残されたアユタヤ時代の漆喰の文様だ。細かい唐草模様が壁、窓枠、透かしの部分に描かれている。保存のため、木の屋根を造っている。同じ例が他にないだけに貴重なものだが、くすんだ色で剥奪がはげしく、あまり魅力を感じない。仏塔には、階段が付けられている。

6 ラク・ムアン ★
LAK・MUANG

小さな礼拝堂の後ろに、雛壇状の一風変わった仏塔が建つ。北部タイのハリプンチャイの仏塔の影響を受けていると言われる。ワット・ナン・パヤから小道をはさんですぐ見えるので、ちょっと寄ってみたい。

ワット・チェディー・チェット・テーオ

ワット・ナン・パヤ　仏塔

ラク・ムアン

ワット・チェディー・チェット・テーオ、ワット・ナン・パヤ、ラク・ムアン★221

7 ワット・スアン・ケーオ・ウッタヤン・ノーイ ★★
WAT・SUAN・KAEO・UTTHAYAN・NOI

遺跡公園に入ってすぐ左側にある。蓮蕾型の仏塔、礼拝堂ともによく残っている。まわりを低い崩れた塀で囲んでいて、石材だったラテライトが散乱している。離れて、寺院の南側から眺めると絵になる。

8 ワット・チャーン・ロム ★★★
WAT・CHANG・ROM

正方形の基壇の周囲を半身の象で飾り、その上にスリランカ風の塔を乗せている。このメール山に見立てた仏塔を象で支える形は、スコータイ時代によく造られた。しかし、ここの仏塔はさらに基壇を2重にしており、上部の基壇の壁がんには、仏座像が納められている。彫像の表面の漆喰ははげ落ち、レンガがむき出しになって傷んでいるが、どっしりした安定感が感じられる。13世紀末、ラームカムヘーン大王がクメール軍を破った戦勝記念に建てたと言われる。

9 ワット・カオ・パノム・プレーン ★
WAT・KHAO・PHANOM・PLOENG

公園内にある小高い丘の上に建つ寺院の1つ。かなりきつい階段を登ると、右手に崩れた仏塔と仏像が座す。丘の上からの眺めに、遺跡公園の全景を期待させるが、実際は木立に阻まれてほとんど見えない。むしろ、登ってくる階段の途中から眺めるほうがいい。

10 ワット・スワン・キリー ★★
WAT・SUWAN・KHILI

階段を登って左手にあり、釣り鐘状のスリランカ風大塔がそびえている。5段の基壇の上に塔を据え付けた堂々としたものだ。
　基壇の上に登れば、やや遠いが遺跡公園の全景を見わたせる。西側を見れば、この丘の稜線上の連なりに、並んで建てられた4基の仏塔を見ることができる。この遺跡一帯の雰囲気をつかむには、最高の場所だ。

ワット・スアン・ケーオ・ウッタヤン・ノーイ

ワット・チャーン・ロム

ワット・カオ・パノム・プレーン

ワット・スワン・キリーから西側をのぞむ

■城壁外の遺跡

11 ワット・コク・シン・カラーム ★
WAT・KHOK・SING・KHARAM

ヨム川に掛かる橋を渡り、歴史公園の入口に向かう道路を走っていると、最初に目に付く遺跡。公園外にあるためか、道路脇にあるのに素通りされてしまう。

　寺院の柱と壁面一部が残されている。3基の釣り鐘状の小塔が、1つの基壇の上に並んでいる。道路と遺跡の間は芝生で隔てられ、建物のまわりに木々が植えられていて落ち着ける。

12 ワット・パヤ・ダム ★
WAT・PHAYA・DAM

公園外の西側に残る寺院の1つ。草に埋もれたレンガ造りの本堂が残る。屋根の先端部は傷んで丸みを帯びているが、全体としては原形を保っている。壁の表面には漆喰の一部が残っていて、正面の壁には、以前本堂に接して造られていた木造建物の屋根の跡が残っている。

　ここから西に数百m離れた所にも、同じような本堂だけの遺跡がある。幾つもの未整備の遺跡が近くにあるので、時間があれば散策したい。

13 ワット・サク・ハイナム ★
WAT・SAK・HAINAM

スラリとした釣り鐘状の仏塔と礼拝堂の一部が残る。ここら一帯では目立つ寺院。しかし、遺跡まで近づく小道すらあやふやだ。広い境内は草に覆われ、全く人気がない。崩れたレンガが散乱し、ラテライトが地面に突き立てられている。探索気分で訪れるには手ごろだ。

14 ワット・カオ・ヤイ・ラーン ★
WAT・KHAO・YAI・LARNG

歴史公園内にある自然の丘は、起伏をもってそのまま城外西に続いている。現在その低くなった場所を道路が断ち切っているが、道路からさらに西へ続く丘に4基の塔が建っている。ワット・カオ・ヤイ・ラーンはその中の1つである。

　塔に近づくまともな道はないが、なんとか登っていける。傷んだスリランカ風仏塔の表面は草に覆われ、まわりの木々が建物に迫っている。本堂跡の柱も草木に呑み込まれそうだ。

木が密生しているので、ここからの景色は望めないが、緑の濃い丘の斜面に建つ、忘れられた廃墟だ。まず公園内の丘から全景を眺めてみて、気に入れば、城外の丘の下まで行く道は舗装されているので、ぜひトライしていただきたい。

■遺跡のまわり方
❶スコータイ市内から北に向かう公営バスでシー・サッチャナラーイ（約１時間、約50km）で降りる。その近くにある貸し自転車を借りてまわる。
❷スコータイでレンタル・バイクを借りてまわる。

■宿泊
スコータイに泊まる。
■注意点
バスを降りる場所を「ムアン・カオ」（古い町）と念を押し降ろしてもらう。整備の悪い自転車が多いので、事前によくチェックする。

ワット・コク・シン・カラーム

ワット・パヤ・ダム

ワット・サク・ハイナム

ワット・カオ・ヤイ・ラーン

ワット・コク・シン・カラーム、ワット・パヤ・ダム、ワット・サク・ハイナム、ワット・カオ・ヤイ・ラーン★227

カンペーン・ペット遺跡

KAMPHAENG・PHET

カンペーン・ペット遺跡地域の現状

　カンペーン・ペットとは「ダイヤモンドの城壁」つまり堅固な城壁を意味する。遺跡エリアは、ピン川を挟んで大きく3つの地域に分かれている。

　現在、ピン川の西側には新バス・ターミナルがあり、南の水田の中に数基の仏塔が建つだけだが、スコータイ王朝の初期にはこちらに行政の中心があった。ナコーン・チュムと呼ばれている。

　東側は現在の市街地に接し、城壁に囲まれたカーム・ワーシー地区と、その北の森林地帯にあるアランヤイック歴史公園地区に分かれている。東側をまとめてチャーカン・ラオとも呼ばれている。

　カンペーン・ペットの中心が川の東側に移ったのは、14世紀半ば、6代リタイ王がチャーカン・ラオに寺院を建て始めたことによる。

　城壁内は手入れが行き届いているが、歴史公園は広い敷地の森の中に遺跡が点在している。木々も放ったらかしで、日中歩いていても心細くなる。観光客に会うこともほとんどない。

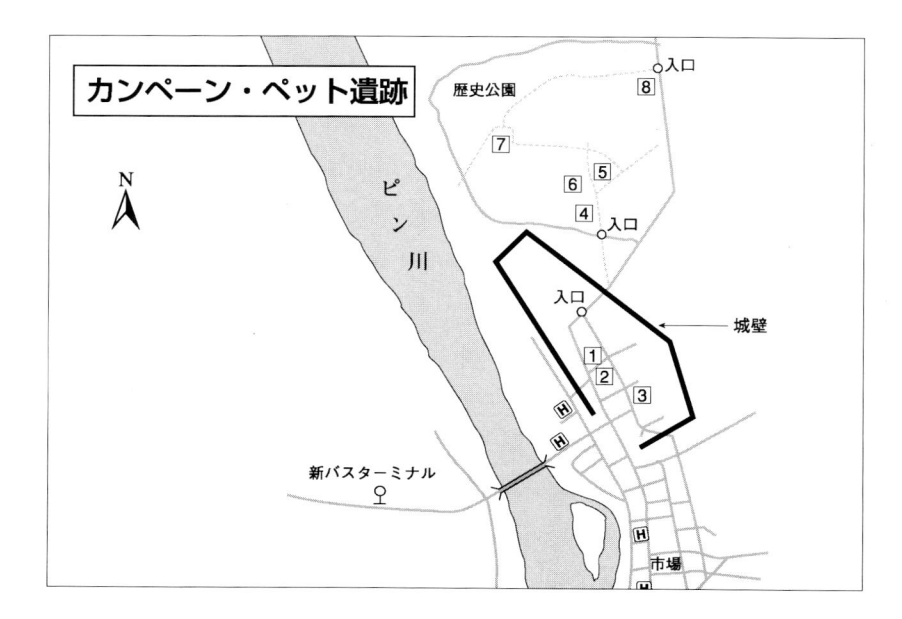

■城壁内

1 ワット・プラ・ケーオ ★★
WAT・PHRA・KAEW

城壁内の中心に位置する寺院。釣り鐘状の塔と建物の基部が残る。塔は、四角い基壇のまわりとその上の仏塔の壁がんに彫像がはめ込まれていたが、現在はほとんどなにも残っていない。15世紀のスコータイ末期に建立されたようだ。

　ここで一番注目するのは、3体の野ざらしの仏像だ。すぐ側の道路を走るバスの窓からも自然に目に入ってくる。1体の涅槃仏の後ろに2体の仏像が並んで座るという配置をとっている。四角い顔立ちのこれらの仏像はウートーン様式(アユタヤ初期)のもので、味わい深い。変な補修をされないことを祈るのみだ。

2 ワット・プラ・タート ★
WAT・PHRA・THAT

言われなければ別の寺院とわからないほど、ワット・プラ・ケーオに隣接している。仏塔と建物の残骸が残るのみ。仏塔は、台座が幾重にも層をなしているカンペーン・ペット様式と言われるが、上部は一般によく見かける釣り鐘状のもので、目新しさはない。

3 カンペーン・ペット博物館 ★

小さな地方博物館だが、充実した所だ。1階は先史時代からタイ各時代の仏像や遺物を展示し、2階には地元の出土品を中心に展示している。

ワット・プラ・ケーオ

ワット・プラ・タート

■アランヤイック歴史公園内

4 ワット・プラ・ノーン ★
WAT・PHRA・NOON

この寺院のいわれは、かつて巨大な寝釈迦(プラ・ノーン)が安置されていたことによる。園内最大の寺院跡だ。しかし、失われてしまった寝釈迦像に代わって今この寺院を有名にしているのは、巨大なラテライトの柱。以前、礼拝堂の屋根を支えていたこれらの柱は重さ30トンに及び、タイ随一と言われている。予備知識なしにここを訪れても、柱の大きさに圧倒される。

5 ワット・プラ・シー・イリヤボット ★★
WAT・PHRA・SI・IRIYABOT

スコータイの城南にあるワット・チェトゥポン(210ページ)と同じく、4種類のポーズをとった仏像があったと思われる。しかし今に残るのは西側の9mの立像だけだ。すらりとした姿勢をとる仏の姿は、優美さを感じさせる。

6 ワット・シンハ ★
WAT・SINGHA

スコータイとアユタヤ両時代にわたって栄えた寺院だが、今は本堂の残骸と礼拝堂が残るのみ。ラテライトの骨組みがむき出しになった仏像が、1体ポツンと座っている。侘びしさを感じさせる寺院だ。名前の由来になったシンハ(獅子)は、博物館に納められている。

7 ワット・チャーン・ロブ ★★
WAT・CHANG・ROB

68頭の象をはめ込んだ高さ7mの正方形の基壇上に、スリランカ風の仏塔がそびえていたと思われる。現在、塔の部分は全壊状態だ。しかし1辺31mの基壇を飾る象は、わずかながら状態のいい物もあり、象の表面の細かい装飾も残っている。
　ここら一帯では最も高い場所になる基壇上に登ると、360度の展望が広がり、気持ちがいい。

ワット・プラ・ノーン　巨大なラテライトの柱

ワット・プラ・シー・イリヤボット西面の仏立像

ワット・チャーン・ロブ

ワット・プラ・ノーン、ワット・プラ・シー・イリヤボット、ワット・シンハ、ワット・チャーン・ロブ★233

8 ワット・アワトー・ヤイ ★
WAT・AWAT・YAI

スコータイに向かう道路から見ることができる北門から入ってすぐの所にある寺院だ。残された基壇の部分から見ても、かなり大きな寺院だったことがわかる。礼拝堂跡を囲むように、幾つもの小仏塔が建てられている。現王朝のラーマ5世がここを訪れた時、「もしカンペーン・ペットにエメラルド寺院を造るならこの場所に造る」と言われたと伝えられている。

■遺跡のまわり方
❶スコータイ市内から公営バスかソン・テウ（乗り合いトラック）でカンペーン・ペットに行く（約1.5～2時間、約85km）。時間はかかるが、ソン・テウの方が頻繁に出ているので便利。到着後、歩くかサムロー（自転車人力車）を使う。
❷スコータイでレンタル・バイクを借りてまわる。

■宿泊
城壁の南に広がるカンペーン・ペットの町中にホテルが何軒かあるが、スコータイに泊まった方がいい。

■注意点
町の北にある歴史公園と城内のカーム・ワーシー地区は共通の入場券なので、なくさないように。

　スコータイから来るバスやソン・テウはまず歴史公園の横を通って城壁内に入る。そしてバスは川向こうの新バス・スタンドへ、ソン・テウは町の中心の市場に向かう。歩いて見る場合、効率よくまわれるように、降りる場所を考えたい。

アユタヤ

AYUTTHAYA

アユタヤの歴史的背景

　クメール帝国から先に独立を果たしたスコータイの影響を受けながら、1350年にチャオプラヤー川の中州に都を置き、約400年にわたるアユタヤ王朝の基礎を造ったのは、ラーマティボディー1世（ウートーン王）である。アユタヤは1378年にはスコータイを降し、1431年にはアンコールの都を陥落させて、勢力を拡大していった。

　しかし、この頃から隣国ビルマがしばしば領土を脅かすようになってきた。1564年にはアユタヤの都を包囲されてしまい、和平を請うことになる。その後、ナレースワン大王が1584年に再び独立を回復するまで、アユタヤはビルマとクメールという東西両面の敵軍から攻勢を受け、苦難の日々が続いた。

　もともと交易で栄えていたアユタヤであったが、15世紀末頃から、東南アジアのみならず、遠くヨーロッパとも交易が活発になってきた。「簒奪王（さんだつおう）」として有名なプラサート・トーン王や、息子のナライ王のような意欲的な王が即位することによって、アユタヤはアジアの中心的貿易港として、ますます発展を続けることになった。

　しかし度重なるビルマ軍との戦いや、王位継承の争いが続き、1767年、ついにアユタヤはビルマ軍によって首都を壊滅させられてしまう。その後、ビルマ軍を追い払い、再び独立を勝ち取るが、アユタヤは都として復興されることはなかった。

　アユタヤの王たちはスコータイの王たちに比べて、より強い王権、クメール風の神王思想を持っていたのではないかと思われる。それは寺院の建築物に見ることができる。

　スコータイの王たちは、クメールからの独立と自由の獲得、新しい王道の確立を理想とし、建物も独特のものを生みだした。しかし、アユタヤの歴代の王は、クメール王権へのあこがれからか、後にはクメール帝国を打ち破った自信の表れか、寺院建築の様式にもクメール風仏塔のプラーンを多用している。

アユタヤ遺跡地域の現状

ほとんどの有名な遺跡は、チャオプラヤー川の中州(東西約8km、南北約4km)の中にある。拝観料の必要な遺跡はさすがに独立して整備されているが、その他は人々と遺跡が同居している状況だ。民家の密集地にぽつんと塔が建っていたり、小学校や役所の敷地内に遺構が残っていたりする。全く草に埋もれている遺跡もある。近年これらはかなり整備され、公園化されてしまったが、それでもあちらこちらに崩れかけた仏塔を見ることができる。

　有名な遺跡をまわった後に時間があれば、ぜひ忘れ去られた遺跡を訪れていただきたい。特に線路の東側には未整備の遺跡が多く、遺跡らしい廃墟が残っている。

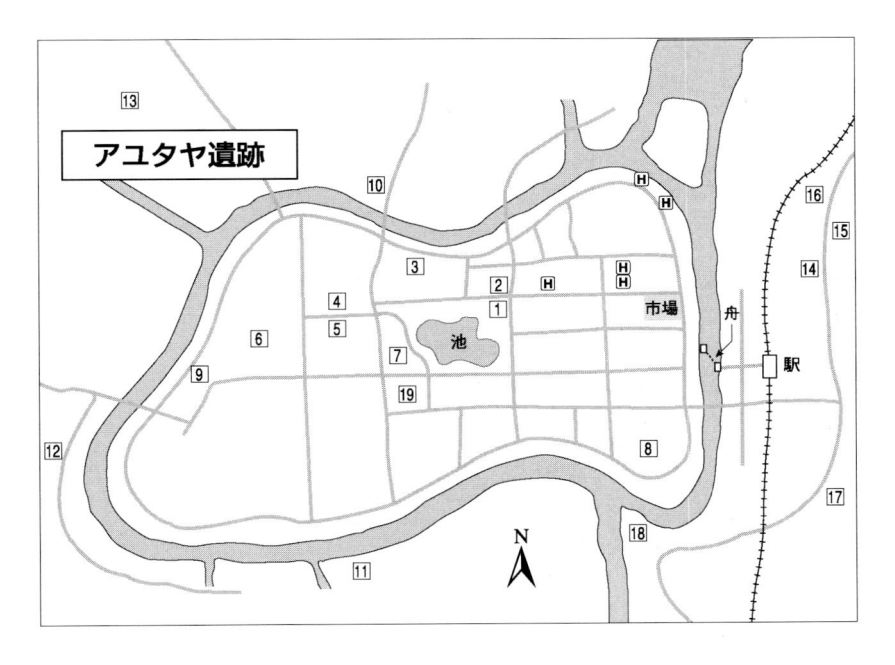

1 ワット・マハータート ★★★
WAT・MAHATHAT

ほぼアユタヤの中心に位置する、14世紀末の3代ボロマラージャ1世の時代に建立された寺院。広い境内には、スリランカ風やクメール風の仏塔が崩れかけたままの姿をさらしている。

建物の基壇の上には、打ち壊され首を落とされた仏像がずらりと並ぶ。中には、顔の前面部分だけが残り、お面のようになってしまった仏像の頭部も置かれている。これらは、ビルマ軍がアユタヤを破壊した時のものだ。同じ仏教徒のはずだが、徹底的に略奪されている。

よく写真にある、樹木の根に絡めとられた仏像の首が見られるのは、この寺院に入ってすぐ左の木の下だ。欠けた鼻を不細工に直しているのには興ざめするが、やはり迫力がある。

寺院の中央には、クメール風のトウモロコシのようなプラーンと呼ばれる仏塔が建てられていたと思われるが、今はラテライトをレンガで補強した基壇を残すだけだ。

1956年の調査で、この基壇の下から数々の宝物が発見された。現在、これらはチャオ・サン・プラヤー国立博物館に展示されている。数々の建物が残っているが、整備をしているわりには、荒れはてた感じを受ける。ビルマ軍の破壊のすさまじさがいたる所で感じられる。

2 ワット・ラートブラナ ★★
WAT・RATHBURANA

ワット・マハータートの北隣にある。15世紀の8代ボロマラージャ2世により、王位継承争いで敗れた2人の兄たちの菩提を弔うために建立されたと言われている。当初は2基のクメール風プラーンが建てられていたが、ビルマ軍の侵攻により破壊され、現在残されているのは1基のみである。

今の形になったのは、1957年の発掘、修復の後である。仏塔の表面はアユタヤ初期の漆喰彫刻で飾られていて、内部の壁面には、1423年に描かれたと言われる仏画がある。

やはりここでも、発掘の時さまざまな宝物が発見された。それらは同じくチャオ・サン・プラヤー国立博物館に納められている。敷地内には釣り鐘状のスリランカ風仏塔、打ち捨てられた仏像の残骸が置かれている。

ワット・マハータート　ビルマ軍により切り取られた仏像の顔

ワット・ラートブラナ

3 ワット・タミカラット ★
WAT・THAMMKHARAT

アユタヤの中央北側、ワット・マハータートの北西に位置する。上部の欠けた八角形の基壇を持つ仏塔で、14世紀半ばのアユタヤ初期、あるいは建国以前に建てられたと思われる。

この基壇には、クメール様式のシンハ（獅子）が塔を囲むように取り付けられている。スコータイの遺跡では、仏塔を支えるように象の群が基壇を飾っているのをよく見かけるが、シンハが囲んでいるのは珍しい。

ここは訪れる観光客もなく、すぐ横に今風のお堂があって、ほこりだらけの涅槃仏が横たわっていたりして、雰囲気のある所だ。

ここから出土した大きな四角い顔のウートーン様式の仏頭は、チャオ・サン・プラヤー国立博物館に展示されている。

4 ワット・プラ・シーサンペット ★★★★
WAT・PHRA・SISANPHET

アユタヤと言えばすぐこの3基の巨大なスリランカ風仏塔が思い出されるほど有名な寺院。アユタヤ時代の王宮寺院である。

初代からおよそ100年間は、寺院であり王の居住地でもあった。その後15世紀半ば、北側に王宮が建設された後は、王室の儀式や国家儀式を執り行なう寺院となった。1767年、ビルマによって破壊されるまで、まさに国の中心だった。

3基の仏塔は、15〜16世紀にかけて在位した3人の王の菩提を弔うために建立された。いつもひっきりなしに観光客が訪れている寺院だが、広い寺域には本殿を支えていた柱や崩れ傾いた小さな仏塔が木々の間に埋もれるように建っていて、人がまばらな場所も多く、落ちつけるところだ。特に夕暮れ時は、色づいた西の空に3基の仏塔のシルエットが浮かびあがり、穏やかな時の流れを感じる。

ワット・タミカラット　仏塔を囲む獅子

ワット・プラ・シーサンペット

5 ヴィハーン・プラ・モンコン・ボピット ★
VIHAN・PHRA・MONGKON・BOPHIT

ワット・プラ・シーサンペットの入口、駐車場の側にある寺院。内には高さ約13mの大仏が鎮座している。モンコン(吉兆)という名のごとく、おめでたい仏との信仰があり、アユタヤを訪れる人々は必ず参拝する。

長い間、ビルマ軍に破壊されたままの状態だったが、19世紀末ラーマ5世が仏像を修復した。1955年にはビルマ首相が来タイし、その時に行なわれた寄付により仏殿が完成した。今は仏像も仏殿もピカピカだ。

6 ワット・ロカヤスタ ★★
WAT・LOKAYASUTHA

旧王宮の南西に、全長29mの白塗りの涅槃仏が野ざらしになっている。静かに微笑みながら、青空の下にのびのびと横たわっている。余分なものは一切なく、開放的でゆったりとした気分になれる、気持ちのいい仏像だ。

アユタヤ観光の人気スポット。地元のタイ人にはプラ・ノーン(寝ている仏像)といったほうが通じやすい。

7 ワット・プラ・ラーム ★★
WAT・PHRA・RAM

1369年2代ラメースワン王が、初代ウートーン王の菩提を弔うために建てた寺院。広い敷地の中央に高々とクメール風のプラーンがそびえ、静かで落ちついた寺院だ。この塔の中に王の遺骨を納めたと伝えられる。プラ・シーサンペット寺院からも近いのだが、訪れる人は少ない。

この寺院の北側、プラ・シーサンペット寺院の横の広場に、青銅のウートーン王像が建てられている。寺院の東にわりと大きな池があるが、その岸から見ると水面に塔がはえて美しい。

ワット・プラ・ラーム

ワット・ロカヤスタ

ヴィハーン・プラ・モンコン・ボピット、ワット・ロカヤスタ、ワット・プラ・ラーム ★ 243

8 ワット・スワン・ダララーム ★★
WAT・SUWAN・DARARAM

現在のタイ王室の創始者ラーマ1世の父君が建立、ラーマ1世が再建した寺院。堂塔は現王朝の王たちによって手が加えられ、ラーマ7世の時には内部に壁画が描かれた。この寺院を有名にしているのは、1931年に完成したこの壁画である。大王の尊称を持つナレースワンの生涯が描かれていて、特に、いくども侵略を重ねるビルマ軍の副王を騎象戦の一騎打ちで破ったシーンはタイ歴史上の名場面である。

9 チェディー・スリヨータイ ★
CHEDI・SURIYOTHAI

アユタヤの西はずれ、道路脇に建つすらりと細身の仏塔(チェディー)だ。この仏塔はチャクラパット王の王妃、スリヨータイの遺骨が納めてある。1549年ビルマ軍が攻めてきた時、男装して王と供に出陣した王妃は、王が窮地に陥った時、象を操り騎象戦に割って入った。おかげで王は危機を脱したが、王妃は戦いに倒れることになる。タイの教科書に登場する有名なお話だ。

近年改修され、下部は白塗り、上部金ぴかのタイ人好みの仏塔になった。

10 ワット・ナー・プラメーン ★★
WAT・NA・PHRAMEN

アユタヤの町の中央北側、中州にかかる橋を渡ってすぐの所にある。17世紀半ば、プラサート・トーン王が建立した寺院。

ここの見所は、本堂に安置された本尊だ。高さ6mの仏像は袈裟や地肌ではなく、アユタヤ王の権威の象徴である王衣をまとっている。これは俗世の王と仏陀とを融合させたもので、後期アユタヤ芸術の象徴的な作品だ。

王位継承を強引なやり方で行なったプラサート・トーン王は「簒奪王」とも呼ばれるが、アユタヤ初期に用いられていたクメール風のプラーン建築を再興させ、それに新たな要素を付け加えることによって、寺院様式に新風を送りこんだ。仏像の頭部も本来なら螺髪(らほつ)で覆われるのだが、この仏像はまるで王冠をかぶっているようだ。顔の表情も慈悲深さよりも威厳を感じさせ、我々を見下しているようにも見える。仏像崇拝に名をかりて王自身の像を拝ませているような気がする。

チェディー・スリヨータイ

11 ワット・プータイ・サワン ★
WAT・PHUTTHAI・SAWAN

アユタヤの中州の中央南、川向こうに建つ寺院。1350年、初代ウートーン王がアユタヤに都を造るためスパンブリーから移ってきて、ここに逗留した。その記念として、1353年、この場所に寺院を造った。内部にアユタヤ初期の仏画が描かれた仏堂と、クメール風プラーンが建てられている。

境内にはウートーン王、ナレースワン大王、エーカートゥサロット王の記念像が同じ基壇の上に建立されている。川をはさんでアユタヤの町を見据えている象徴的なモニュメントだ。

12 ワット・チャイ・ワッタナラーム ★★★
WAT・CHAI・WATTHANARAM

17世紀「簒奪王」プラサート・トーン王がクメール帝国を占領、凱旋後に建てた寺院。アユタヤの町の西はずれにかかる橋を渡り、すぐ南へ下った川沿いにある。

中央にクメール風仏塔プラーンを建て、そのまわりを8つの小さな塔でかこんで回廊でつないだ形だ。クメール風プラーンはアユタヤ建国当初によく造られていた建築だが、ここではそれに回廊と塔を付け加えて複合化し、威厳を与えているようだ。これらにより、この寺院は後期アユタヤ美術を代表する寺院になった。建物の表面には、漆喰で描かれた釈迦物語がわずかに残っている。

プラサート・トーン王は山田長政と思われる人物を毒殺し、臣下から王へと成り上がった人物だが、停滞していたアユタヤを活性化した人物でもある。

以前は草木に埋もれ、道もなく、近寄り難かったが、それはそれで東南アジアの熱帯植物に冒される廃墟といった感じで良かった。しかし、今はすっきり公園化され簡単に訪れることができる。建物の規模や大きさは体感できるが、もう少し植物とのバランスを考えてほしい。

ワット・プータイ・サワン

ワット・チャイ・ワッタナラーム

ワット・プータイ・サワン、ワット・チャイ・ワッタナラーム

13 ワット・プー・カオ・トーン ★★
WAT・PHU・KHAO・THONG

アユタヤの町を離れ北西に数km行った所にある。周囲を田圃にかこまれた林の中にそびえる。ビルマ王が1569年にアユタヤを占領した時に建てられ、1584年ナレースワン大王がアユタヤの独立を回復した後、タイ風に改修された。

高さは80mに及ぶと言われ、やや傾いているが、最上階の回廊に登れば周辺の田園風景を楽しむことができる。広々とした平野に建つ巨大な仏塔は、まわりに余分な建物がないだけ印象的だ。遠く離れてゆっくり眺めたい。

14 ワット・クディー・ダオ ★★
WAT・KUDI・DAO

鉄道駅の東にある寺院。ほとんど崩壊しているが、仏殿の壁、天井を支えていた蓮の蕾をあしらった柱など、朽ち果てた中にもいくつかの遺跡が残っている。アユタヤ初期に建設され、その後、時々の王によって寄進改修が行なわれたようだ。建物の窓枠に西洋風のものが造られているのもその表れだ。

本殿の後ろには崩れた仏塔が骸をさらし、敷地は広く、大きな寺院だったことを思わせるが、今は全く訪れる人はいない。本殿のまわりはともかく、その他の建物は草に埋もれてしまっている。人気のない廃墟の雰囲気に浸りたいならおすすめだ。

15 ワット・マヘヨン ★★
WAT・MAHEYONG

クディー・ダオのさらに東に行った所にある荒れ果てた寺院。15世紀の初めから半ばにかけて創建され、18世紀の初めには、王自身が寺院の側に住み込んで作業の監督を行なうなどの改修が行なわれた。その間1569年には、アユタヤを封鎖するビルマ軍の司令部としても利用された。数基のスリランカ風の仏塔と、大きな本殿の壁が残っている。

本殿はレンガで造られ、内には砂岩の仏座像が安置されていた台座が崩れかけている。私が訪れた時は、のら犬の住みかになっていた。本堂西側にある尖塔のない仏塔は、スコータイでよく見かける象によって基壇を支えるタイプのものだ。その尖塔はすぐわきに落下していて、修復時に元に戻すことをしないで、そのままの状態で放置してある。部分的になされている補修も場当たり的で、かえって荒廃を感じさせ、手入れのされていない境内は個人的には好もしい。

ワット・マヘヨン

ワット・プー・カオ・トーン

ワット・クディー・ダオ　蓮の蕾をあしらった柱

ワット・プー・カオ・トーン、ワット・クディー・ダオ、ワット・マヘヨン★249

16 ワット・アヨータヤー ★
WAT・AYOUTTAYA

アユタヤで最も古いと言われるウートーン王以前のアヨータヤー時代の寺院。アヨータヤーは鉄道駅の東一帯に勢力を持っていたムアン(小都市国家)で、ウートーン王はアヨータヤーやスパンブリーといったムアンを統合して、アユタヤを建国した。

境内には新しいお堂も建てられているが、その後ろには古い仏塔が残っている。基壇は最下部が八角形で、その上にスリランカ風だが細身の仏塔が建っている。

草木に埋もれているわけでもなく、かといって公園にされてもいない、あっさりすっきりした印象を与える寺院だ。

17 ワット・ヤイ・チャイモンコン ★★
WAT・YAI・CHAIMONGKON

バンコックから列車や車でアユタヤに向かうと、町に近づくにつれ、最初に目に入ってくるのがこの仏塔だ。寺院自体は、1357年ウートーン王によって、スリランカで修行をした高僧を招くために建立されたが、大仏塔はビルマ軍を打ち破ったナレースワン大王が戦勝記念に1592年に建てたものだ。

当初ナレースワン大王は、ビルマ皇太子と騎象の一騎打ちの時大王の象について来ることができなかった将軍たちを処刑しようとしたが、住職のいさめにより、代わりに大塔を建立したと言われている。

高さ60mの仏塔はアユタヤを象徴するものだ。境内は観光客が多いためか、きれいに手入れされ、真っ白い大量生産の仏像がずらりと並んで、公園になっている。この仏塔は遠くから眺めていた方がいい。

ワット・アヨータヤー

ワット・ヤイ・チャイモンコン

ワット・アヨータヤー、ワット・ヤイ・チャイモンコン

18 ワット・パナ・チューン ★
WAT・PHANAN・CHOENG

顔だちのふくよかな、奈良の大仏に似た19mの大仏が鎮座している。成立年代は明らかではないが、14世紀初めのころだと言われていて、アユタヤ屈指の古さを誇る寺院だ。2つの川が合流する場所にあり、古くから交易を担っていた華僑系の住民が住んでいて、彼らの信仰を集めていたようだ。今も商売繁盛を願って、華僑系タイ人の参拝者が絶えない。

19 チャオ・サン・プラヤー国立博物館 ★★
CHAO・SAM・PHRAYA

1956〜57年に発掘されたワット・マハータートとワット・ラートブラナの宝物を中心に、アユタヤ時代の仏像など多数の遺品が展示されている。宝物の一部を売って、博物館建設の資金を作ったという。ビルマ軍の略奪を逃れた黄金の美術品を見るためにも一度は寄ってみたい。

■アユタヤへのアクセス
❶バンコックの中央駅から列車で約1.5時間。
❷北バス・ターミナルからバス約1.5時間。いずれも1時間おきぐらいに出ている。

■遺跡のまわり方
❶バンコックからのツアーに参加する。代表的な物を見るならこれで充分。手頃な値段で不愉快な思いもせずに見学できる。時間が限られているのが難点。
❷自転車でまわる。ゲストハウスの周辺に貸し自転車屋がある。時間があれば自由に好きな所に行ける。
❸トゥクトゥク(オート三輪車)。訪れる場所、時間、乗る人数など交渉し、お互い納得して利用したい。一概に言えないが、4〜5ヵ所まわって数時間なら500バーツぐらいを目指そう。1000バーツ以上出すならツアーを利用したほうがいい。

■宿泊
普通に見るならバンコックから日帰りで充分。どうしてもアユタヤに泊まりたいなら、市場の近くにゲストハウスがあるし、中州の北東の川沿いに旅社がある。

■注意点
アユタヤは有名な観光地。すれっからしのドライバーも多く、トラブルも絶えない。トゥクトゥクをチャーターする時は注意が必要。彼らに無償の親切心はない。
　鉄道東側の人気のない遺跡は、女性1人で行くのは避けたい。

南ラオス

LAOS

南ラオスの歴史的背景

ラオス南部パークセーの町からメコン川沿いに南下すると、古来からチャンパサックと呼ばれている地域がある。その名でもわかるように、チャム族の国チャンパ王国の領域だった所だ。彼らは木材や香料を海に運び出し、交易で栄えていた民族だが、5世紀頃にはクメール族の真臘に取って代わられてしまった。

クメール族はこの地で力を蓄え、やがて南下、カンボジアの地に統一王朝を作るにいたる。ここはクメール族の揺籃の地である。

長い間、クメール帝国の影響下におかれていたチャンパサックであったが、13世紀、帝国の衰退に伴い、タイ族のスコータイ王国や、後にはアユタヤ王国がメコン川に勢力を拡大してきた。さらにはラーンサーン王国が発展するにつれ、北からラオ族の移住者も増えはじめた。やがてクメール文化の影響は徐々に薄れてゆき、代わってラオス文化が浸透していく。

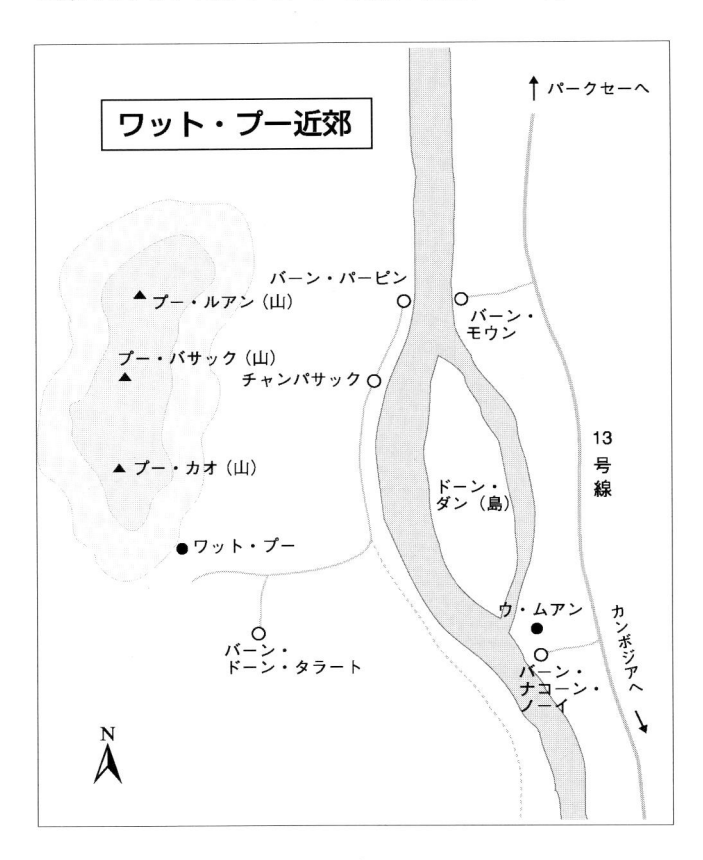

ワット・プー ★★★
WAT・PHU

メコン川右岸チャンパサックの町の南西約10km、聖山リンガパルヴァータがある。その麓から中腹にかけて、この遺跡は建てられている。数百年にわたって信仰の対象とされてきたこのクメール神殿は、アンコール地域の他の遺跡のように、1人の王によって造られたものではない。今に残る建物の多くは、12世紀のスールヤヴァルマン2世の時代に建てられたものだが、それ以前にも、その後も増改築は続けられていた。

遺跡に入っていくと、まず目に入るのは回廊風の建物だ。向かって右が男の宮殿、左は女の宮殿と呼ばれている。かなり崩れているが、破風やまぐさ石のレリーフはよく残っていて、男の宮殿の東側の破風には、聖牛ナンディンにまたがるシヴァ神とウマーのレリーフが彫り込まれている。ローカル色あふれる作品だ。

宮殿の間をまっすぐ進むと、ラテライトの急な石段に出る。プルメリア（チャンパー）の木がアーチを成していて、乾期には香りのよい白い花をつける。階段をのぼりきると、木々に囲まれた主祠堂にたどりつく。

流れ出た汗を木陰でふきながら、麓を眺めると、すばらしい景色が広がる。崩れた宮殿、聖池や村々、はるかにメコン川が遠望できる。

小さな主祠堂は屋根がなくなり、内部には後の世になって運びこまれた、間の抜けた仏像が安置されている。上座仏教のものだ。まぐさ石に彫り込まれた彫刻は見ごたえがあり、全部で11ヵ所に残されている。

正面左側は大蛇と闘うクリシュナ神、右側はガルーダに乗ったヴィシュヌ神、中に入って中央には象に乗ったインドラ神、一度外に出て南側の入口から中を見ると、カンサ王を引き裂くクリシュナ神と、様々な神々で神殿を飾りたてている。

正面東入口の両サイドには、女神像が1体ずつ彫り込まれていて、特に北面の女神像は、ラオスの地方美人を思わせる。主祠堂の後方には巨大な岩の壁があり、絶え間なく清水が滴っていて、飲むと冷たくてうまい。北側には、ヒンドゥー教の3神を彫り込んだ岩が安置されている。

さらに進んで、右の林の中には自然の岩がいくつも転がっているが、中には象を描いたものや、人身御供を捧げたと思われるものがある。それらにはクメールとは異なった、より土俗的なものを感じさせられる。

これらの彫刻を見ていると、ここが土着の聖地として、長い間信仰を集めていたことが納得できる。物売りの子供たちも、

商売をやっているというよりは、木陰で暇をつぶしているようで、声をかけてくることもない。たまに地元の人がピクニックがてら参拝に訪れるだけだ。ここは静かな、聖地らしい遺跡だ。

ウ・ムアン ★
UM・MUANG

ワット・プーの南東、メコン川左岸にある遺跡でウ・タモウ（UM THAMO）とも呼ばれている。

およそ100m四方ほどの敷地に、建物の残骸が転がっている。9世紀末から10世紀はじめのバケン様式で、ヤショーヴァルマン1世の治世に建てられたと思われる。

いくつかのナーガが地面に置かれている他は、インドラ神のまぐさ石や文様を彫り込んだ石材があるだけで、建物の形を残しているのはラテライトの楼門ぐらいだ。しかし、それすら壁面がかろうじて残るのみで放置されている。ただここには、人面を彫り込んだムカリンガが残されていて、稚拙なものだが、珍しい。

メコンの河川敷の木々に、埋もれるように忘れ去られた小さな遺跡だが、ユネスコによる測量は終了していて、いずれ修復工事が始められるだろう。しかし、この雰囲気は残してもらいたい。

■アクセス
❶パークセーからチャンパサックへはバスが午前中2〜3本ある。約1.5〜2時間。
❷船は午前中1〜2本、約2〜3時間。
❸パークセーの旅行会社で車をチャーターする。

遺跡のまわり方
●ワット・プー
❶チャンパサックでオート三輪車をチャーターする（4ドル程度）。
❷チャンパサックのゲストハウスで貸し自転車を借りる（ワット・プーまで約10km）。
●ウ・ムアン
チャンパサックのゲストハウスを通して船をチャーターする（4ドル程度。片言のタイ語ができれば直接交渉）。

■宿泊
パークセーに泊まれば、ランクの違うホテルを選べる。あらゆる点で便利。しかし、静かにのんびりしたいなら、チャンパサックの町にも5ドル程度で泊まれるゲストハウスが数軒と、30ドル前後のホテルが1軒ある。旅行者向けのレストランもできた。

■注意点
船、バスともに、前もって時間をチェックしておく必要がある。そして、せめて片道は船を利用したい。上りと下りでかかる時間は異なるが、快適に過ごせる。

ラオス人はボラないということだったが、最近パークセーやチャンパサックではツーリストには吹っかけてくることがある。

ワット・プー　カンサ王を引き裂くクリシュナ神

ワット・プー　女神像

ワット・プー　聖山と男の宮殿

ワット・プー、ウ・ムアン

ウ・ムアン

ウ・ムアン　象のアイラーヴァタに乗るインドラ神（まぐさ石）

チャンパ
CHAMPA

チャンパの歴史的背景

　ベトナム中部から南部の海岸地帯を中心に、2～17世紀にかけてチャンパと呼ばれる王国があった。彼らはおもに沈香、シナモン、象牙や犀角といった森林資源を手に中国やインド、アラブ諸国の商人たちと取引して栄えていた。
　チャンパ王国といっても、1つの大王朝が長々と続いたのではなく、各地域にいくつかの中央から独立した小王国があって、その時々に勢力の強い王が他の小王国を束ね統治していたようだ。
　4世紀後半には、ヒンドゥーや仏教といったインド文化の影響を受け、もともとあった土俗信仰から新しい形の宗教へと移っていった。4～8世紀にかけて、チャンパの中心は中部ベトナムにあった。聖地ミソン、王都チャキュウ、港町ホイアンといった地域だ。
　8世紀半ばには、中南部のニャチャンやファンラン方面に中心が移っていく。しかし、774年と787年の2度にわたりジャワの攻撃を受け、9世紀には、再び旧都チャキュウの近くに都インドラプラを作った。
　10世紀、ベトナム族の大越との戦いが続き、チャンパの国土は荒廃、都は破壊された。
　11世紀に入ると、大越からの圧力をかわすため、都をクイニョン近郊のヴィジャヤ地区のチャバンに移した。そして15世紀末に、ベトナム族によって独立を奪われるまでこの都は続いた。
　12～13世紀にかけては、クメール族との戦いが続き、2度にわたって属領とされた。しかし反対に1177年には、アンコールの都を攻め落としている。
　北の大越ともしばしば戦い、領土を削られてしまったが、1370年と1377年には、大越の都を焼き討ちにしている。この間、国内でも権力争いがしばしば続き、自ら政治・経済の土台を崩してしまった。
　17世紀には、地方勢力として残っていたチャンパ王国は、完全に滅んでしまった。

ホイアン近郊の遺跡
HOI・AN

　今はベトナム中部最大の観光の町になったホイアンは、チャンパ時代、港町として栄えた場所だ。現在も、古い町並みにその面影を残している。朱印船貿易が行なわれていた頃は、日本人町もあった。
　ここから日帰りできる範囲に4つの遺跡がある。ミソン遺跡群とクアンナム遺跡群（バンアン、チェンダン、クォンミー）だ。

チャンパの歴史的背景★263

ミソン遺跡群 ★★★
MY・SON

ホイアンから西南に約40km、周囲をなだらかな山に囲まれた、隠れ里のような盆地にある。中でも、聖山マハーパルヴァタは独特の形をした弓形の稜線を持っている。

長い間チャンパが各地に遷都を続けていた間にも、ここは聖地として崇められ続けた。そのため、8～13世紀にかけて様々な様式の建物が建立されていった。しかし、たび重なる戦乱、特に20世紀に入っての対米戦争の時、北ベトナム軍がここを拠点としたために、壊滅的打撃を受けた。

そのため、ミソンには完全な形で残る建物は少ないが、それでも数十棟におよぶ堂塔が残されている。

入口を入って最初に目に入ってくるのは、B群とC群を合わせた寺院の複合体だ。ミソンの中で一番建物が密集してる場所でもある。楼門、主・副祠堂、宝物庫といった建物で構成されている。

C群の中でちゃんとした形を保っているのは、10世紀にシヴァ神を祀るために再建された、舟形屋根を持つ主祠堂C1だ。寺院の側面には、小さな破風の下に直立する女神像が彫り込まれている。

隣接して建物の基壇部分だけが残った大きな寺院跡は、11世紀に造られたB群の主祠堂B1だ。レンガ造りの建物が多い中で、珍しく基壇に砂岩を使っている。中央にはリンガが据え付けられ、入口には碑文を彫り込んだ石柱が倒れて寄りかかっている。

南西隅に建つ3層の塔はB3で、10世紀のもの。その横、高くせり出した舟形屋根を持つのは宝物庫B5で、完全な形を保っている。C1と同じく側壁に彫刻が施された10世紀の傑作だ。

D群には側壁だけ残った2棟の建物があり、内部にはここから出土した彫刻が保存されている。

東にへ行くと、高台に寺院の廃墟がある。寺院下部のレンガの側壁を残して、他には崩れたレンガの山があるのみだ。ここにはかつて、10世紀に建てられたミソンで一番高い28mの最も華麗な装飾の施された主祠堂A1がそびえていた。しかし、1969年、米軍の爆撃を受けて崩壊してしまった。ここからB、C、D群の全景を見下ろすことができる。

A群から北に行くとG群がある。12世紀に建てられた祠堂G1が、かろうじて建物の形を残していて、基部にはテラコッタ製のカーラのマスクが50枚以上はめ込まれている。

さらに北に進むと、E群とF群に到着する。ここも、ほとんどの建物は原形を留めていないが、E7の宝物庫が建物らしさ

を残している。境内には、首を取られた立像、倒れたままの石碑が放置されたている。主祠堂Ｅ１からは素晴らしい祭壇が発見されたが、今はチャム博物館に展示されている。

　ぽつんと離れてＨ群が丘の上にあり、ここから遙かに他のグループが見わたせるが、寺院の高さがないためか、緑の草木に埋もれてしまっているように見える。滅んでしまったチャンパ王国を象徴するかのように、遺跡は時の流れに呑みこまれていく。神々の骸、墓標のようだ。

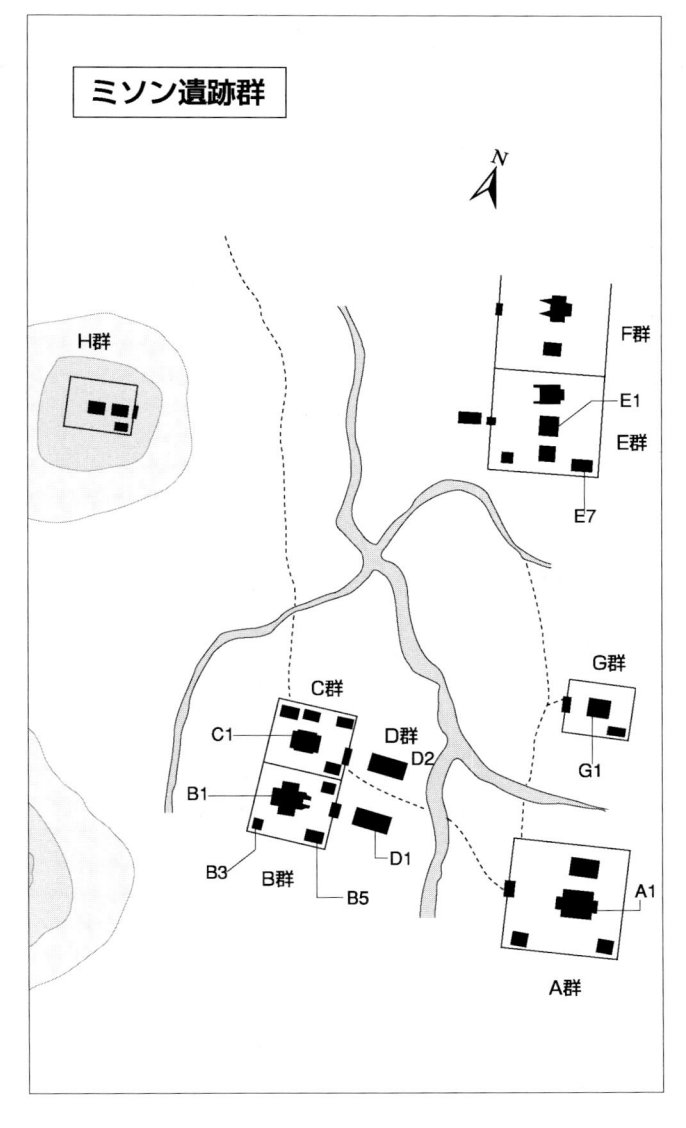

ミソン遺跡群

ミソン　B・C群

ミソン　C群

ミソン　E群　首を取られた彫像

バンアン ★
BANG・AN

ホイアンから西へ約10km、周辺に水田の残る道路脇の広場に、ぽつんと1基の祠堂が建つ。チャンパでは珍しい八角形の12世紀の塔だ。前室はもともと三方に入口を開いていたが、1940年、フランス人技師により誤って復元され、今は東正面1ヵ所だけになっている。祠堂には樹木の根が食い込み、もはや引きはがすことができない状態だ。

建物の前にはガジャシンハとシンハの像が置かれている。なまじ広々とした敷地が確保されているだけに、誰も訪れない寺院には侘しさを感じる。

チェンダン ★★
CHENG・DAN

ホイアン南西約30km、タムキーの町の北約8kmの国道沿いにある。11〜12世紀にかけて建てられた。3基の祠堂は東を向いて横一列に並んでいるが、上部の崩れた祠堂はあまり高くなく、うっかりしていると見過ごしてしまいそうだ。レンガ造りの祠堂は、砂岩の基壇の上に建てられている。その基壇には、武器を持つ男、鼓を打つ者、楽士、踊る女性など様々なレリーフが生き生きと描かれている。現在チャンパの遺跡の中では、このように現場にレリーフをそのまま置いている例はまれだ。広い敷地内の一角には、ここから出土した彫刻の一部が納められた建物がある。

クォンミー ★
KHUONG・MY

チェンダンからさらに南下、タムキーの町外れにある。やはり東を向いた3基の祠堂が、並んでいる。ここの特色は、10世紀に建てられた祠堂のレンガの壁に多様な装飾模様が彫り込まれていることだ。これらは「クォンミー様式」と呼ばれ、ジャワやクメールの影響があると言われている。彫刻が施されたこの建物は、チャンパの最盛期を代表する遺跡だ。

遺跡保護のためだと思うが、建物の周囲には多数のユーカリの木が植えられている。木の成長が速く、現在は遺跡を包みこんでいる。写真を撮る時も邪魔で、南国の遺跡には似合わないイヤな木だ。訪れる人もなく、重要さのわりには忘れ去られている。

チェンダン

バンアン

クォンミー

バンアン、チェンダン、クォンミー

チャンパ彫刻博物館 ★★★

ホイアンの北30km、中部ベトナム最大の都市ダナンのハン川ほとりにチャンパ彫刻博物館がある。ここにはチャンパ彫刻の傑作が地域別に展示されている。遺跡の現場にはほとんど彫刻類は残されていないので、ぜひここに足を運んでいただきたい。ミソンE1、ドンジュオン、早期チャキュウの各祭壇、晩期チャキュウの踊るアプサラスなど、各時代を代表する名作が、所せましと並べられている。

■ホイアンへのアクセス
❶ホーチミンとハノイを結ぶツアー・バスを利用してホイアンへ。値段も適正で快適だ。
❷列車か飛行機でダナンまで行き、そこから車でホイアンにむかう（約30km南）。
❸ローカル・バスを利用。外国人はボラれ、ギュウギュウづめで、時間もかかり、お薦めできない。

■ダナンへのアクセス
列車はホーチミンから毎日3～5便、約20時間。飛行機もホーチミンやハノイから毎日出ている。長距離バスも毎日あるが、ホーチミン、ハノイからともに約24時間かかる。

■遺跡のまわり方
❶バイク・タクシーや車をチャーターする。条件と値段の交渉は、くどいほどやること。
❷レンタル・バイクを借りる。
❸ミソンには旅行者向けのミニ・バスが、ホイアンから1日1往復している。

■宿泊
ホイアンの町中に3～20ドル程度のホテルがある。外国人向けのレストラン、おみやげ屋、レンタル・バイク屋、旅行会社も多く、快適に過ごせる。
　ダナンは大きい都市なので、ホテルその他観光施設には不自由しない。

■注意点
ベトナムは、基本的に定価のない国だ。さらに「外国人はすべてにおいてベトナム人より余分に払うのはあたりまえだ」と思っている一般ベトナム人が多い。ちょっとした物を買う場合でも、必ず料金交渉をして、納得してお金を使いたい。金銭面でのトラブルや、ごまかしがこの国では特に多い。
　中部ベトナムは他のインドシナ地域と異なり、雨期は9月～2月である。この時期は旅行を避けたい。
　ツアー・バスの中にはいい加減な会社もあり、トラブルも多い。多少の料金差なら、シン・カフェー・ツアーなどの信用のおける大手を利用したい。

クイニョン近郊の遺跡

QUI・NHON

港町クイニョンの近郊にはビンディン遺跡群と呼ばれる8つの遺跡が残っている。クイニョン自体、観光客が訪れることのない町なので、いつどの遺跡に行っても、人と会うことがない。中部ベトナムの田園地帯をぞんぶんに楽しみながら、いつでも自由に訪れることができるのはいい。

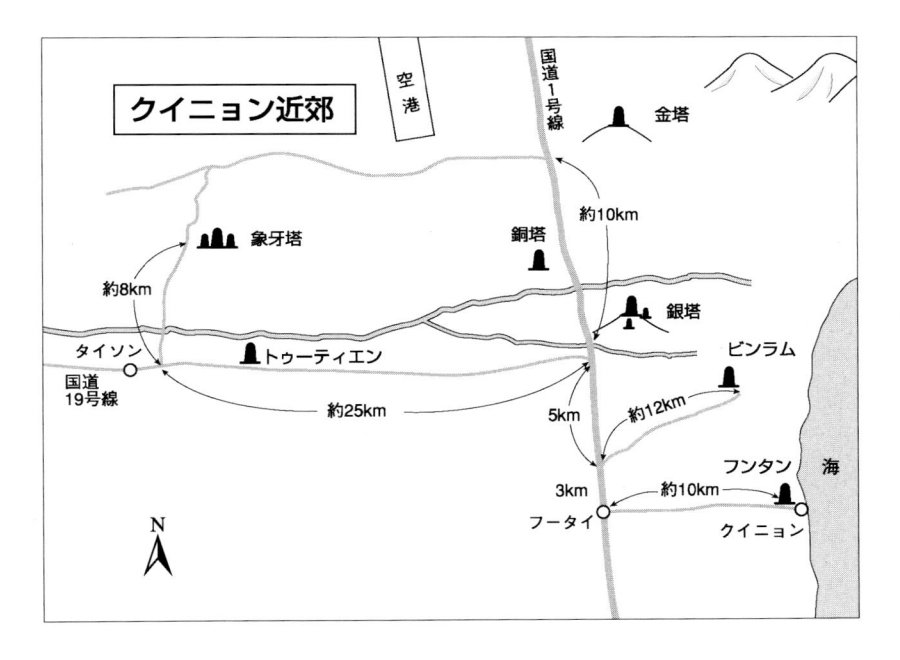

フンタン ★
HUNG・TANH

　2つの塔(タップドイ)ともよばれ、クイニョンの市街地にある。今は周囲を民家に囲まれた小さな公園の中に建っている。もともと3基の祠堂が建っていたが、1基は倒壊してしまった。
　12世紀末に建てられたもので、基壇の部分は砂岩で覆われ、祠堂の7層になった特殊な屋根の部分にもレリーフを施した砂岩が使われている。すぐ横の小道では路上市が開かれていて、下町の雰囲気を醸しだしている。

ビンラム ★
BINH・RAM

　クイニョンの北西に広がる田園地帯の真ん中に、水路に囲まれて建っている。東に3kmほど行くと、海岸に出る。ここら一帯は11～15世紀にかけて栄えたティナイと呼ばれる港町だった。ビンラムは11世紀の初めに建てられた、ティナイ時代の唯一の建造物だ。祠堂の内部には本来リンガが祀られていたはずだが、今は干し草と農具置き場になっている。壁面や屋根に装飾が施されているのだが、草木に覆われて見づらい。まわりはハイビスカスの花が咲き乱れ、水路にはアヒルが泳いでいる南国の典型的な水田地帯だ。

銀塔 ★★★
BANH・IT

　クイニョンの北西18kmの丘にある、国道からよく見える遺跡だ。11世紀に建てられた祠堂、宝物庫、碑文庫、楼門の4つの建物が、丘の中腹から頂にかけて残されている。
　頂に建つ祠堂は22mの高さがあり、「昔、海が今よりずっとこの丘に近かった頃、航海者の目印になった」と言われるのもうなずける。屋根は3層になっていて、側壁の破風にはカーラのマスクが描かれている。宝物庫は舟形屋根を持ち、壁面に細かい模様が彫り込まれた美しい建物だ。ここの碑文庫は、チャンパ建築の中で唯一完全な形を保っている。
　この丘の上に立つと、360度の展望が広がり、中部ベトナムの田園風景の中に建つ他の遺跡を見わたすことができる。クイニョン近郊では最高の場所だ。近年これらの建物にも修復の手が入り、各部に真新しいレンガが使われるようになった。少し残念な気がする。すぐ側を流れる川にかかる国道上の橋から眺めるのもいい。

銀塔　主祠堂と宝物庫

フンタン

ビンラム

銅塔 ★
CANH・TIEN

仙女の翼(カンティエン)、少女(コンガイ)とも呼ばれている。クイニョンの北西27km、国道から1km程入った墓地の側にある。旧チャバン都城の中央に建つ13世紀の建物だ。

前室は完全になくなっていて、入口の部分はセメントを使ったいいかげんな修復が施されている。祠堂の四隅には砂岩が使われていて、波を思わす模様が彫られている。周辺には、成長の速いユーカリの木が植えられているが、遺跡にはあまり似合わない。

金塔 ★
THOC・LOC

銅塔からさらに数km国道を北上すると、右手前方に丘が見えてくる。その丘の上にぽつんと1基の祠堂が建つ。カンボジアの塔(トックロク)と呼ばれている。

銅塔と似た建築の特徴を持っていて、13世紀の建立だと思われる。しかし、銅塔に比べると砂岩を使っている部分は少なく、模様も直接レンガに彫られている。屋根の部分には草木やサボテンが自生していて、いい感じが出ているが、傷みも激しい。

この丘に登るためのまともな道はなく、アクセスは大変だ。荒れはてた丘で、まともな木は1本もない。しかし、そのため上に登ると、見はらしがきき、素晴らしい眺望が広がる。

丘の北側には1本の川が流れていて、この川岸から眺めると、手前に水田風景、そして金塔の丘、さらに背後にはミソンの聖山マハーパルヴァタに似た、穏やかな山の稜線を見ることができる。

銅塔

金塔遠望

銅塔、金塔★275

象牙塔 ★★★
DUONG・LONG

　クイニョンから北西へ約40km、周囲を水田に囲まれた台地に、3基の堂々とした祠堂が建つ。12〜13世紀にかけて建てられたものだ。チャンパの遺跡は隣国クメールの遺跡に比べスケールが小さく、ちょっとガッカリしていたが、この祠堂はひけをとらない。ある案内書には中央祠堂の高さを24mと書いてあったが、周囲に何もないためか、もっと高く感じる。

　ユイロンとも呼ばれるこれらの祠堂は、屋根の形や装飾に多量の砂岩を用いている点に、クメールの影響を感じさせる。幾層にも重ねられた屋根の部分には、各層を縁どる形で彫刻を施された砂岩が使われていて、北祠堂の南側の破風はカーラと独特の形をしたナーガのレリーフで飾られている。

　屋根の部分に適度に草木が根を下ろしているのも好もしい。祠堂のまわりは荒れた台地だが、それらを圧してそびえ立っている。

トゥーティエン ★
THU・THIEN

　象牙の塔の南を流れるコン川の南岸、畑の中にひっそりと建つ小さな祠堂。屋根の部分に尖塔を持つ、金塔、銅塔と同じタイプの塔で、13世紀に建てられた。建物内部に装飾をしないチャンパ建築としては、珍しく砂岩の彫刻がはめ込まれていたが、今はその跡だけが残る。やがて畑の土になってしまいそうな祠堂だ。

象牙塔

トゥーティエン

象牙塔、トゥーティエン

雁塔 ★
THAP・NHAN

クイニョンの南、約100kmの所にあるチュイホアの町を見下ろすニャンと呼ばれる丘に建つ。細かな装飾は風化してしまって残っていない。塔の部分は3層になっていて、四隅にあったはずの尖塔は、1つしか残っていない。11世紀に建てられたものだ。

この丘からは、海に面したチュイホアの町が手に取るように眺められる。祠堂を期待して見に来るよりも、ここからの素晴らしい景色の方が魅力的だ。

■アクセス
クイニョンへはローカル・バスを利用する。ツアー・バスはこの町に寄らない。または途中の町まで(例えばニャチャン)、ツアー・バスを利用して、そこからローカル・バスで行く。少しでも快適に過ごしたい。

■遺跡のまわり方
❶バイク・タクシーをチャーターする。よくもめるので、充分な交渉が必要。
❷レンタル・バイクを借りて自分でまわる。宿泊しているホテルで借りられることがあるので聞いてみる。
❸ホテルに頼んで車をチャーターする。雁塔に関しては、距離が離れているし、国道脇なので、ローカル・バスやミニ・バスで行くことができる。近距離を走るベトナム人向けのミニ・バスが、便数も多く一見便利に見えるが、人数が集まるまで出発しないので、乗ってから1〜2時間待たされることもあり、途中で運転を中止することもある。地元民ですら腹をたてる雲助のようなドライバーや車掌が多い。ローカル、ミニ・バスともにボッてくる。

■宿泊
クイニョン市内に4〜20ドル程度のホテルがあるが、外国人が泊まることはめったにない。英語の通じない所も多く、設備も古い。レストランもすべて土地の人向け。

■注意点
ここも中部ベトナムなので、9月〜2月の雨期は避けたい。外国人が訪れることがないので、典型的なベトナム商法が体験できる。値段交渉はしっかりやりたい。

クイニョンへ直接行くバスは少ない。国道上のクイニョンに向かう分岐点(フータイ)で下車、10km東の市内に向かう。

雁塔

ニャチャン近郊の遺跡
NHA・TRANG

　ニャチャンはカイン・ホア省の省都であり、ベトナム随一のビーチ・リゾートでもある。この町外れの丘にポー・ナガール遺跡があり、約80km南のファンランの近くにも３つの遺跡が残っている。

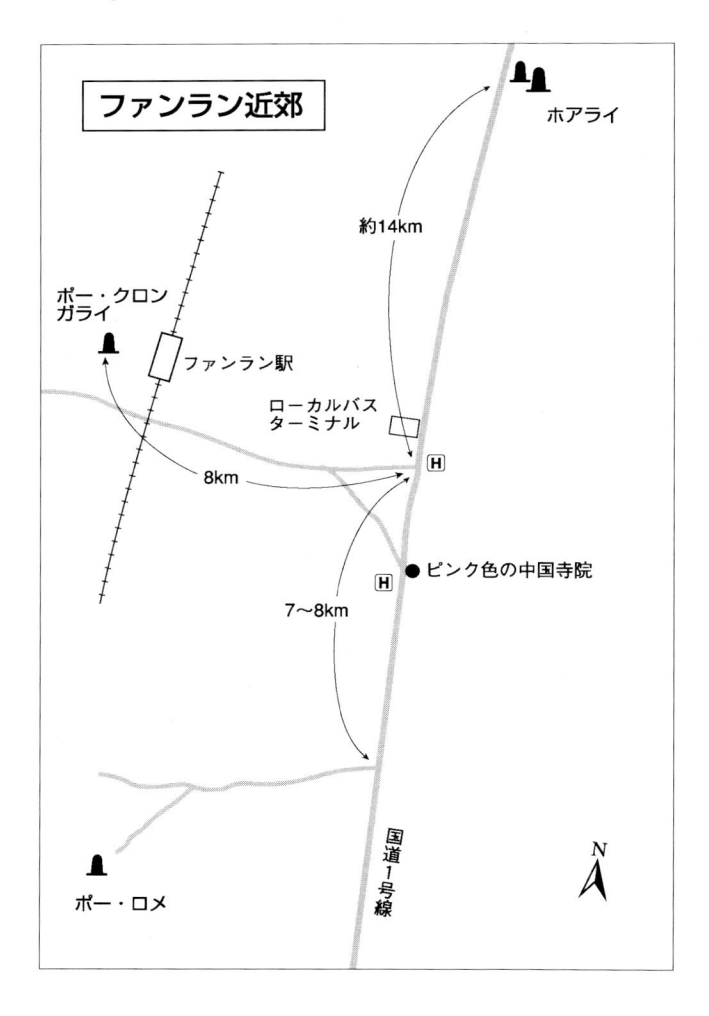

ファンラン近郊

- ホアライ
- 約14km
- ポー・クロンガライ
- ファンラン駅
- ローカルバスターミナル
- 8km
- ピンク色の中国寺院
- 7〜8km
- ポー・ロメ
- 国道１号線
- N

ポー・ナガール ★★
PO・NAGAR

　遺跡はニャチャンの町の北、漁港を見下ろす丘に建っている。創建当初は木造だったが、774年と787年の2度にわたってジャワ軍に焼き払われた。その後、寺院は砂岩とレンガで造られるようになった。今に残る建物は、10～13世紀にかけてチャンパの王たちによって寄進されたものだ。

　主祠堂の入口には碑文が彫られていて、破風には水牛を踏みつけているシヴァ神の神妃ウマー（？）のレリーフがはめ込まれている。線香の煙がたちこめる内陣にも、顔を人形のように塗られしまったウマー像が祀られている。10本の手は衣装によって隠されている。このベトナム化のおかげか、チャム族だけでなく、一般ベトナム人の信仰の対象にもなっている珍しい寺院だ。

　堂内に残る一対の木彫りの象は8～9世紀のもので、チャンパ最古の木製彫刻だ。北西の副祠堂の外壁にはガルーダ、獅子、象に乗る人物像が三方に飾られている。東南の副祠堂は大きな前室と四角錐形の屋根を持っていて、内部にはリンガが安置されている。

　1996年から部分的に修復が始められているが、2000年6月の時点ではまだ完了していない。どのような形で終わるのだろう。あまり勝手な増築はしないでほしいものだ。

ホアライ ★
HOA・LAI

　ファンランの町の北14km、2基の祠堂が残っている。8～9世紀にかけて造られた、チャンパ遺跡の中では初期のものだ。現在は、境内の中を横切る形で、国道が走っている。

　3基あった祠堂のうち中央の主祠堂は、崩壊、失われている。南側の祠堂は、塔身も低く、装飾もあまり施されていないが、北側の祠堂は、軒下の部分にガルーダの浮き彫りがずらり並び、壁面にも細かい模様が施されている。

　周辺に住むチャム人は、この遺跡をヤン・パクランと呼び、カンボジア人の祠堂と信じているため、誰も訪れない。すぐ横を車が行き交い、騒音と排ガスを浴び続けているのに、荒れ果てたままの草ぼうぼうの遺跡だ。

ポー・ナガール

ポー・ナガール　ウマー（破風）

ホアライ　北副祠堂

ポー・クロン・ガライ ★★
PO・KLONG・GARAI

　ファンランの町の西約8km、荒れ地の中の丘に建つ。避暑地ダラットからリゾート地ニャチャンに向かう道路沿いにあるためか、しばしば観光客が訪れる場所だ。

　サボテンの自生する丘の上の堂塔は、13～14世紀に建てられたもので、今は完全に修復が終わり、整備されている。主祠堂の破風には6本の腕を持った踊るシヴァ神のレリーフがはめ込まれていて、入口の砂岩の柱には碑文が彫られている。内陣にはリンガの表面に人の顔を描いたムカリンガが祀られている。王の顔を模したものと言われているが、稚拙な表現だ。屋根の部分は3層で、各層の隅には、蓮の蕾の形をした尖塔がつけられている。他にも、舟形の屋根を持った宝物庫や楼門が残っている。

　ここはまだチャム人の信仰を集めており、毎年秋の大祭には各地のチャム人が集まって、荒れはてた丘が人々で溢れかえる。遺跡の丘の南にもうひとつの丘があり、そこから遺跡の全景と周囲のたたずまいを把握できる。

ポー・ロメ ★
PO・ROME

　ファンランの町から南西へ約15km、乾燥地帯の丘の上にある。チャンパ建築の最後期15～16世紀に、ポー・ロメ王を祀るために建てられた祠堂。ポー・クロン・ガライに似た形だが、箱を重ねたような外観で、壁面の装飾もほとんどされてなく、優美さに欠ける。内部にはシヴァ神になぞらえた、8本の手を持つポー・ロメ王の像が納められている。

■アクセス
❶ニャチャンはツアー・バスでホーチミンから約10時間。これが快適、便利、適切な料金。
❷ホーチミン・ハノイ間の列車は全てここに停まる。
❸飛行機は毎日2～3便。
❹ローカル・バスも多数あるが、お薦めできない。

■遺跡のまわり方
❶ホテルやそのまわりにあるレンタル・バイクを借りる。
❷車をチャーターする。
ここでとりあげた3つの遺跡は、ニャチャンから80kmほど南に行ったファンランの近くにあるので、ファンランまで行ってバイク・タクシーをチャーターしてもいい。ファンランにも数軒ホテルがあるが、全ての点で不便だ。

■宿泊
ニャチャン市内の海に近いエリアに、各種のホテルがある。レストラン、旅行会社、レンタル・バイク屋などいたる所にある。

■注意点
ニャチャンからローカル・バスを乗り継ぐ時、町は国道から東へ10km程入った所にあるので、国道までバイク・タクシーなどで出て、バスをつかまえた方がいい。

ポー・クロン・ガライ

ポー・クロン・ガライ　シヴァ神(破風)

ポー・ロメ

ポー・クロン・ガライ、ポー・ロメ ★285

ポー・ハイ ★
PHO・HAI

サイゴンから北東に約250km、港町ファンティエットの郊外、海に面した山の尾根に建つ。リンガを祀った主祠堂の建つ場所から、海岸線を見下ろすことができる。風のない日には、波の音が聞こえてきそうだ。まるで灯台のような遺跡である。海上貿易で栄えたチャム族にふさわしい。

遺跡には正、副祠堂と小さな祠がある。これらはチャンパの建物の中で最も早い時期に属し、8世紀に建てられた。以前は、潮風が吹きつけ、レンガも古びた、風格を持った建物だった。しかし、現在、主祠堂は真新しいレンガで完全に修復されてしまった。本当にそんな形だったのか、と言いたくなるような姿になっている。副祠堂にはまだ手が付けられないが、いずれこそも手が入るのだろうか。 残念だ。

■アクセス
❶ファンティエットへはホーチミンからバスで4～5時間(約250km)、日帰りすることもできる。
❷ツアー・バス(ホーチミン・ニャチャン間)がここで昼食をとるので、途中下車、日にちを指定しておけば指定日にピック・アップしてくれる(シン・カフェ・ツアー)。その他、ファンティエットまでのツアー・バスもある。
❸ローカル・バスはホーチミンのミエンドン・バス・ターミナルから多数ある。

■遺跡のまわり方
遺跡は町外れの海沿いにあるので、バイク・タクシーをチャーターする。一応ファンティエットは港町として有名なので、興味があれば、ついでに寄るといった遺跡だ。

■宿泊
近年、海沿いにリゾート・ホテルができているが、町中のホテルはあまり良くない。

ポー・ハイ 主祠堂

バガン
BAGAN

バガンの歴史的背景

5世紀頃、中部ビルマでは中国から南下してきたピュー族が勢力を持っていた。一方南部では、タトンを中心にモン族が栄えていた。

8世紀前半になると、雲南にタイ族系の南詔王国が誕生し、ピュー族はその影響を受けるようになる。9世紀終わり、ピュー族の王国は内部抗争によって崩壊しはじめた。そんな中、ビルマ族が新たに南下、マンダレーの南、チャウセー地方で力を蓄え、徐々にビルマ中央平野に進出していった。

1044年には、実質的な創立者アノーヤター王によって、バガン王朝がつくられた。当時バガンでは、密教的色彩の強い大乗仏教が信仰されていたが、アノーヤター王自身は、上座仏教を信仰していた。そこで1057年にモン族の国タトンを攻めて、上座仏教の経典を得、多数の僧や職人をバガンに連れ帰った。このことにより、王はバガンの宗教改革を行ない、ビルマ初の統一王朝を築くことになる。さらに遠征の結果、モン文化が流入し、後にはモン文字からビルマ文字が作られるにいたった。

3代チャンシッター王の時、バガンは全盛期を迎え、これから後、約200年にわたって多数の寺院がバガンに造られ続けることになる。

12世紀、7代ナラパティシードゥー王の時代になると、モン文化から脱却、スリランカから直接上座仏教がもたらされた。しかし、バガンの王や人々が功徳のため建てた寺院は5000以上に及び、さらに土地や奴隷が寺院に寄進され続けたため、バガン経済は疲弊してしまった。

そして1287年、モンゴル軍の侵入とともに、バガン王朝は歴史の幕を閉じることになる。モンゴルの支配は11ヵ月間だけで、その後も王朝は続いたが、昔の栄華を取り戻すことはできなかった。ビルマの繁栄の中心は新たに勢力を持ったタイ族系のシャン族に移っていった。

バガン遺跡地域の現状

バガン遺跡は、エーヤワデー川(イラワジ川)の左岸、約62平方kmの乾いた大地に寺院や仏塔が点在する大宗教都市の跡だ。城壁に囲まれたオールドバガンを中心に、扇状に遺跡地帯は広がっている。

　全盛期には5000もの堂塔が建てられていたが、その多くは元の土に化してしまった。しかし、まだ2000を超す建物が残されている。様々な大きさ、様々な様式の建物が、あるものは天高くそびえ、あるものは堂々と巨大な姿を見せてくれるが、その他にも、今まさに崩れ去ろうとしている小さな仏塔やお堂が無数にある。1975年の地震により傾いたり亀裂の入った建物、宝物探しのため打ち壊された仏像、剝げかけた壁画など、まさに廃墟、遺跡らしい遺跡だ。

　これだけ広大な土地を宗教建築群で覆いつくした場所は世界のどこにもない。しかし、ミャンマー政府による安易な修復、道路やゴルフ場建設といった行為は、せっかくの大遺跡を傷つけている。残念なことだ。

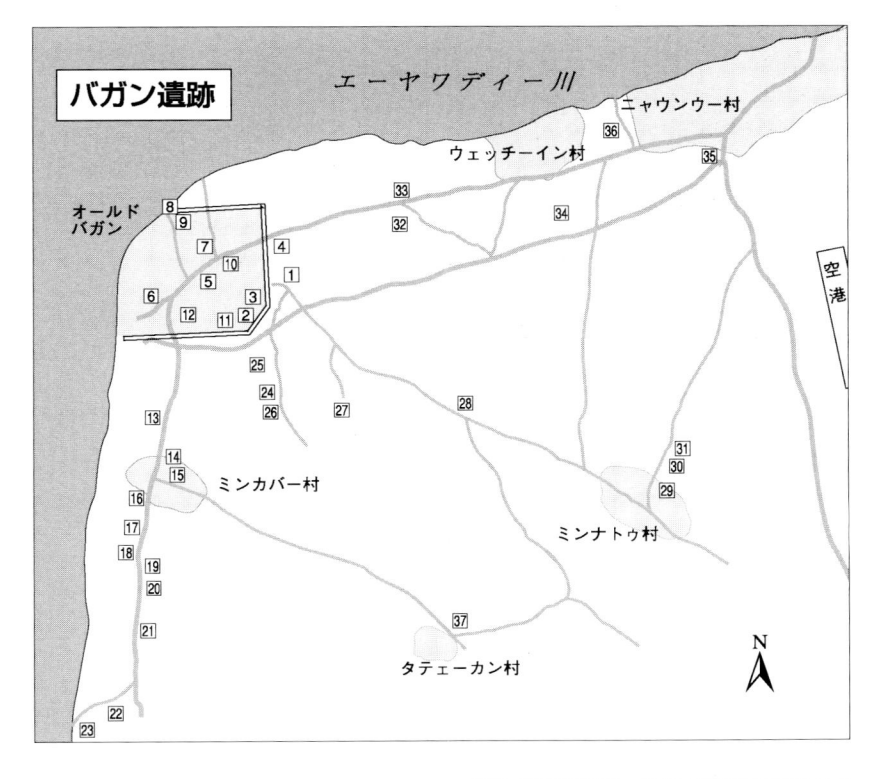

1 アーナンダ寺院 ★★★★
ANANDA

バガンの城壁外、東にある均整のとれた美しい寺院。3代チャンシッターが1091年に建立したもので、王朝の最も充実した時期の寺院だ。高さ51mの金色の塔を持つ正十字型をした方形寺院で、本堂の中央には4体の高さ9.5mの仏立像が四方の出入り口を向いて安置されている。

このうち南北の2体は創建当時のもので、8～12世紀に東北インドで栄えたパーラ朝の影響を受けている。後世に造られた他の2体より明らかに優れたものだ。内部は2重の回廊になっていて、光が射し込まず、石窟寺院のようだ。内側の壁面にはブッダの生涯を刻み込んだ多数の壁がんが作られている。薄暗い内部を静かに歩いていると、なぜか落ち着く。

さらに寺院の外壁には、1600枚におよぶジャータカ物語のパネルがはめ込まれ、外側の窓枠や軒先にも細かい装飾が施されている。これらは、見る人をはなやいだ気持ちにしくれる。

本堂西側の仏立像の前には、この寺院を建てたチャンシッター王のひざまずいた等身大の像と、父王アノーヤターに多大の影響を与えた、モン族の僧侶シン・アラハンの像が安置されている。ここは今も参拝者の絶えない生きた寺院だ。

2 タビィニュー寺院 ★★★
THATBINNYU

チャンシッター王の孫、4代アラウンシードゥー王によって1144年城壁内に建てられた、高さ61mのバガンで最も高い寺院。2層構造で2階部分の中央に巨大な仏座像を安置している。透かしのない室内は、日の光を取り入れて明るく、2階に本堂を持ってくることにより、建物に重層楼を生んだ。典型的ビルマ様式の建物だ。

白っぽく高さのある建物は、どこから見ても目立つランドマーク的存在だ。以前は最上部にまでいつでも上がることができ、そこから平野に散らばる無数の堂塔を眺められたが、現在は不可能になってしまった。もし開いていたらぜひ上がっていただきたい。

アーナンダ寺院

タビィニュー寺院

3 タンドージャ大仏 ★
THANDAWGYA

タビィニュー寺院のすぐ北側に、高さ6mの仏座像がある。1284年に造られたものだが、表面を覆っていた漆喰は剥げ落ち、レンガがむき出しで、仏像、お堂ともに傷みが激しい。あまり注意を引かない。

4 タラバー門 ★
THARABHA

9世紀、ヒンビャー王が築いた城壁のなごり。門の両側には土着神ナットを納めた祠が建っている。以前はこの内側にバガンの町が広がり、集落の中に遺跡が散在していたが、政府の命令で観光開発のため民家を強制的に撤去、移動という暴挙が行なわれた。

5 シュエグージー寺院 ★★
SHWEGUGYI

1131年に、タビィニュー寺院を建てたアラウンシードゥー王によって造られた。王はここで生涯を終えようと考えていたようだ。高いレンガの台上に建つ本堂は、アーナンダ寺院に似た感じを受けるが、本堂の三方に直接出入り口をつけるなど、明るさが取り入れられている。内部にある2枚の石版には、完成まで7ヵ月を費やした経緯が書かれている。小さいながらまとまった完成美を見せる。

6 ゴード・パリン寺院 ★★★
GAWDAWPALIN

高さ55m、バガンで2番目に高い寺院。7代ナラパティシードゥー王が12世紀末、先祖の霊を祀るために建てはじめたが、息子のティーローミンロー王の代になって完成した。外観はタビィニュー寺院によく似ている。

　川の近くに建っているので、バガンの遺跡エリアだけでなく、川の眺めも楽しむことができる。川向こうの山に太陽が沈む夕暮れ時に訪れたい。そしてゆったりした時の流れを楽しみたい。

シュエグージー寺院

ゴード・パリン寺院

7 マハーボディー・パゴダ ★
MAHABODHI

3代チャンシッター王が、インドのブッダガヤにある仏教寺院を再建した時、菩提樹の種をバガンに持ち帰り、城壁内のほぼ中央にあたるこの場所に蒔いた。13世紀になって、そこに8代ティーローミンロー王がブッダガヤの大塔を模した塔を建てた。これがマハーボディー・パゴダだ。

本家インドの大塔に比べれば見劣りするが、何層にも装飾された屋根を持つスラリとした塔はバガンでは他に例がない。

8 ブッパヤー・パゴダ ★★
BUPAYA

川岸に建つ小さな仏塔で、卵を立てた上に金色の尖塔を乗せたような形をしている。伝説では、3世紀頃当時の王によって建てられたと言われるが、外観から見ると、11世紀の頃建てられた、ピュー族の影響を受けた仏塔のようだ。

きれいに公園化されているので、のんびり川涼みをするには、絶好の場所だ。川を航行する船にとっては、かっこうの目印になったと思われる。

9 ペビインチャウン・パゴダ ★
PEBINKYAUNG

ブッパヤー・パゴダのすぐ南に建つスリランカ風の塔。深底のお椀を伏せたような形の上に四角のプレートを乗せ、さらに太い三角錐の尖塔を乗せた形をしている。12世紀の建立とされる。ブッパヤー・パゴダに行ったついでに一見したい。

10 ピタカッタイ ★
PITAKATTAIK

初代アノーヤター王がタトンを征服した時、32頭の白象を使って経典を運んだが、この場所に来て動かなくなった。そこで、ここに経典を納める経蔵庫を建てた。1058年の建立で、現在の建物は18世紀に修復されたものである。歴史的には有名な所だが、建物自体は窓がなく、5層の屋根も上に行くにしたがって急に小さくなり、バランスが悪い。

マハーボディー・パゴダ

ブッパヤー・パゴダ

マハーボディー・パゴダ、ブッパヤー・パゴダ、ペビィンチャウン・パゴダ、ピタカッタイ ★ 295

11 ナツラウン・チャウン寺院 ★
NATHLAUNG・KYAUNG

バガンにある唯一明確なヒンドゥー教寺院で、タビィニュー寺院の西に建つ。今は正方形のお堂の上に塔を乗せた形で残っているが、傷みがかなり激しい。ピュー族から伝えられた建築技法を用いて、10世紀初めに造られたものだ。

ヴィシヌ神の10体の化身像が飾られていて、その中には9番目の化身として仏陀も含まれている。本尊のシヴァ神はバガン博物館に納められている。

12 パトーダーミャー寺院 ★★
PAHTODHAMYA

ナツラウン・チャウンのさらに西にあるこの寺院は、バガン初期のもので、モンの建築様式の影響を受けている。本堂に通じる出入り口は1ヵ所で、窓には透かし彫りの石をはめ、本尊も1階に安置してある。このため、建物は平面的広がりは持つものの、内部は暗い。

伝説では10世紀に建てられたと伝えられるが、仏像や壁画から見ると11世紀のものと思われる。外見は、高さこそないが、安定感があり美しい。つい写真を撮りたくなる寺院だ。

13 ミンガラーゼディー・パゴダ ★★★
MINGALAZEDI

オールド・バガンからニュー・バガンに向かう道路わきに建てられている。1274年、11代ナラティーハパテ王が6年の歳月を費やして建立した。完成まで6年もかかったのは、「パゴダが完成すると、この偉大な国は滅ぼされる」という予言が広まったためだ。そのため王は一時作業を中断していたが、大僧正の叱咤激励により再び建設が始められた。しかし、予言どおり、1287年バガンはモンゴル軍により征服されてしまった。

3層の基壇の上に釣り鐘状の仏塔がバランスよく建っている。外部に造られた階段を登って、周辺の景色が楽しめる。

パトーダーミャー寺院

ミンガラーゼディー・パゴダ

14 グービャクジー寺院 ★★
GUBYAUKGYI

　ウェッチーイン村にも同名の寺院があるが、こちらはミンカバー村のもの。3代チャンシッター王が亡くなった後、正統な血筋の孫が王位を継いだが、この寺院は妾腹の息子が父の霊を弔うために1113年に建立した。

　外観はモン様式の影響を受けた祠堂だが、内部にはフレスコ画が鮮やかに残っている。特に内陣に入る左右には、背後を真っ赤に塗った14本の手を持つ神像が描かれている。まるでチベット密教の壁画を見ているようだ。

　すぐ横にあるミヤゼディー・パゴダの側で発見された石碑は、最古のビルマ語碑文である。石碑の四面には同じ内容を、パーリ語、ピュー語、モン語、ビルマ語で記してあり、初期のビルマ王の年代を明記している点で重要なものである。

15 ミンカバー・パゴダ ★
MYINKABA

　ミンカバー村を流れる川岸に建っている。初代アノーヤター王は、政敵になった腹違いの兄を戦いで死なせてしまった。そこで、死体をこの川に流し、罪の償いとしてこの場所に仏塔を建てたという。

　ロケットの先端のような形をした11世紀のこの仏塔は、モン様式の影響を受けていない。タトン征服以前のものだ。

16 マヌーハ寺院 ★★
MANUHA

　1059年、タトンの国王だったマヌーハが捕虜としてバガンに連れてこられた後、許されてここに寺院を建立した。建物は四角いビルのようで装飾も小なく、魅力がないが、内部には2体の仏座像と涅槃仏が安置されている。しかし建物の空間に比べて、いずれも大柄で、窮屈そうに体をお堂の中に入れている。

　座像は捕らわれの身を嘆いているマヌーハの姿を表しているようで、涅槃仏は死によってのみ自由の身になれるという王の想いを象徴しているとも言われる。参拝者が訪れることすら拒絶するような狭苦しさは、やはり寺院というよりは監獄を思わせる。

グービャクジー寺院　チベット密教の神像を思わせる壁画

17 ナンパヤー寺院 ★★
NANPAYA

マヌーハの南西にある、11世紀のモン様式の中型寺院。言い伝えによると、当初アノーヤター王から鄭重な扱いを受けていたタトン王マヌーハが、巨大な宝石のついた指輪を売り建設資金を作ったと言われている。

建物の外観は典型的なモン様式で、現在内部に仏像などは残されていないが、四角い柱にヒンドゥーの創造神の浮き彫りが描かれている。壁面の装飾としてフレスコ画が多用される中で、浮き彫りを使っているのはあまりない。素材が石のため、彫刻を施しやすかったのだろうか。

18 アベーヤダナー寺院 ★★
ABEYADANA

3代チャンシッター王が、兄王2代ソールーの怒りを避けるためナガヨンに逃げていた間、妻アベーヤダナーがここで待っていたという。11世紀末に造られたモン様式の中型寺院。

本尊には仏陀の座像が祀られているが、壁面には大乗仏教系の菩薩や、ヒンドゥーの神々までも描かれている。これらの壁画と上座系の要素が混ざりあった不思議な寺院だ。外観はすぐ北にあるナンパヤー寺院より、屋根を徐々にせりあがる形に処理しているので、見栄えがする。

19 ナガヨン寺院 ★★
NAGAYON

窓に透かし石をはめた、11世紀のモン様式の美しい寺院。アベーヤダナー寺院の斜め前にある。伝説によると、「王になる以前のチャンシッターが兄のソールー王の怒りを被っている間、それを避ける場所を巨大なナーガが与えてくれた。その場所に、王になったチャンシッターが寺院を建立した」と言われている。

薄暗い内部には仏像が安置され、壁がんには釈迦の生涯を描いたレリーフが置かれている。内陣の入口の左右には、優美な等身大の門衛像が建っている。アーナンダ寺院に似ているが、外部の装飾などの点では及ばず、無骨な印象を受ける。

アベーヤダナー寺院

ナガヨン寺院

バガン

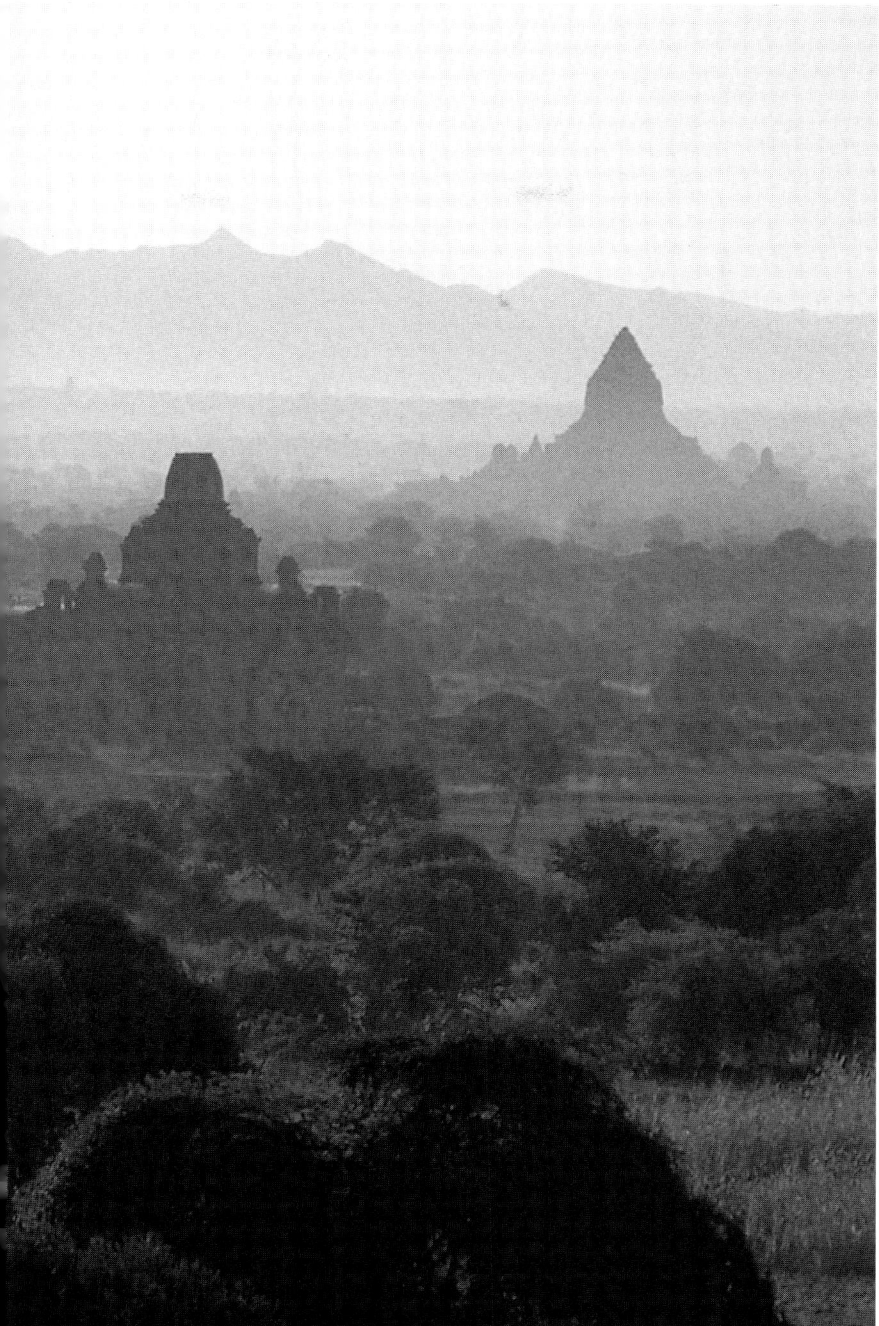

20 パウドーム・パゴダ ★
PAWDAWMU

ナガヨンの南、低いレンガの塀に囲まれた小さな仏塔。六角形を重ねた基部の上に、円形の釣り鐘状のドームを乗せ、上部には傘を半ばすぼめた形の尖塔を乗せた、独特の形の仏塔だ。11世紀に建てられたようだ。

21 セインニェ・アマ寺院とセインニェ・ニマ・パゴダ ★★
SEINNYET・AMA（姉），
SEINNYET・NYIMA（妹）

同じ敷地内に並んで建っている寺院と仏塔で、11世紀の王妃セィンニェが建てたと言われている。しかし、寺院の方は四方に大きく入口をとり、側壁も高く、ビルマ様式で建てられていて、13世紀のものと思われる。

仏塔は伝統的モン様式の建築で、11世紀に建立されている。基壇の四隅に飾られた小さな仏塔のすぐ前には、仏塔を守るように小さな獅子が座っている。屋根の部分に小仏塔を装飾として配している2つの建物は、寺院と仏塔の違いがあるにもかかわらず、不思議と同じ印象を与える。

22 ペッレイ・パゴダ ★★
PETLEIK

11世紀の初代アノーヤター王の治世に建てられた。東西に2つの仏塔が並んで建っている。1905年に土に埋もれていた回廊が発見されるまで、傷んだ普通の仏塔と思われていた。回廊の外側には、ジャータカ物語のレリーフが残されている。長い間土に埋もれていたため保存状態がいい。

23 ローカナンダー・パゴダ ★
LAWKANANDA

1059年アノーヤター王により建立。川べりに建てられ、川を航行する船の目印になった。全面白塗りされているが、今も信仰の対象になっている。

パウドーム・パゴダ

セィンニェ・アマ寺院とセィンニェ・ニマ・パゴダ

ペッレイ・パゴダ　ジャータカ物語のレリーフ

パウドーム・パゴダ、セィンニェ・アマ寺院とセィンニェ・ニマ・パゴダ、ペッレイ・パゴダ、ローカナンダー・パゴダ★305

24 シュエサンドー・パゴダ ★★
SYWESANDAW

アノーヤター王がモン族から得た聖遺物、仏陀の髪を納めるため、1057年、タトン国征服直後に建てた仏塔。台座は八角形になっていて、その上に四角形の5層の基壇を持ち、さらに釣り鐘状の仏塔を乗せている。台座の部分にモン様式の強い影響がうかがわれる。現在、全面が薄い黄色に塗られているが、すでに剝げかけてきていて、それなりに味わいがある。褐色のレンガ色の寺院や仏塔が多い中では、目立つパゴダだ。

25 ローカティーンパン寺院 ★★
LAWKAHTEINPAN

シュエサンドー・パゴダの北にある小さな建物で、1160年に建てられた。内部に多くのフレスコ画が残されていることで有名な寺院だ。入口を入ってすぐの天井には仏足跡、東西の壁面にはジャータカ物語が描かれている。南側には、降魔成道の形をとった仏座像が安置され、背後の壁面は釈迦八相図で飾っている。

　私が訪れた時、壁画の修復作業が行なわれていたが、パレットを持って画家を気取ったビルマ人が気楽に絵の上塗りをしていたのには驚いた。

26 シィンピンターリャウン ★
SHINBINTHALYAUNG

シュエサンドー・パゴダの南に隣接して、細長い倉庫のようなレンガ造りの建物がある。11世紀のもので、内部に約18mの寝釈迦が横たわっている。

シュエサンドー・パゴダ

ダマヤンジー寺院（308ページ）

27 ダマヤンジー寺院　★★★★
DHAMMAYANGYI

　城壁の南東、荒れ地に浮かぶ要塞のようなドッシリとした建物。12世紀、王位を得るため父アラウンシードゥー王と腹違いの兄を暗殺したナラトゥーは、後に即位、5代王になった。しかし、暗殺が打ち続いた治世の終わり、王は過去の贖罪のために、この寺院の建設を始めた。ところが工事半ばで、今度は王自身が何者かに暗殺されてしまった。そのため、寺院は未完のまま放置されてしまった。このナラトゥー王の即位前後の1160年頃からおよそ10年間は、バガンの政治的混乱期で、スリランカが介入してきたという説もあり、年代も確定されていない。
　寺院はアーナンダ寺院と同じく正十字形で、内部には2重の回廊を持つ構成だが、なぜか内側の回廊は埋められてしまっている。一部を取り除いてみると、中から見事な壁画が出てきたという。
　堂々とした建物の中に入ると、建立した王の時代の印象からか、陰鬱な暗い感じはいなめない。未完のためか、細かい装飾類はあまり施されていないが、その姿がかえって周囲を圧して、異彩を放っている。

28 スーラーマニ寺院　★★★
SULAMANI

　城壁の東南にあるこの寺院は、12世紀末ゴード・パリン寺院を建てた7代ナラパティシードゥー王によって建てられた。四方に入口を持ち、明かるさを取り入れた2層の建築物は、モン様式から脱却したビルマ様式の典型である。
　内部には、それぞれの出入り口の奥に仏像が安置され、壁面には18世紀頃のフレスコ画が残されていて、巨大な寝釈迦や仏座像、釈迦の出家前の物語、昔のビルマの風俗、宮廷生活の様子が描かれている。これだけ大型の寺院で、それに負けない大きさの壁画を残している所は他にない。ここで休憩して、寺院の上からまわりの景色を眺めるには手頃な場所にある。

スーラーマニ寺院

スーラーマニ寺院　釈迦座像

29 パヤトンズ寺院 ★★
PAYATHONZU

城壁から5kmほど東に行った、ミンナントゥ村にある13世紀後半の寺院。ビルマ語で「3つの寺」を意味するこの寺は、その名の通り、3基の小さな同型の祠堂をつないだ形で建てられている。

内部には、釈迦以前に成仏したとされる過去27仏の成道図や密教系の仏、動植物など様々なフレスコ画が描かれている。しかし、東の祠堂しか装飾は完成していない。

バガンの中心から離れているが、次の2つの寺院ともども、小さいが壁画で有名な所なので、時間があれば足を伸ばしたい。

30 タンブラ寺院 ★★
THANBULA

パヤトンズの北にある寺院で、1255年に10代ウザナー王の妻、タンブラによって建てられた。ビルマ様式の正方形の寺院で、バガンのどこにでもよく見られる建物だが、内部にはフレスコ画が残されている。外観は整っていて、背景の他の建造物とのバランスもよく絵になりやすい。

31 ナンダーマニャ寺院 ★★
NANDAMANYA

パヤトンズの北数百mにある。1248年に建立され、仏弟子の名にちなんで名前が付けられた。東側に入口を持ち、正方形の祠堂にとんがり帽子をのっけたような寺院だ。

ここも見所はフレスコ画で、釈迦八相図や菩薩像、半人半鳥の音楽神キンナラなどが、びっしり描かれている。上座仏教だけでなく密教的な要素が入り混じっている。

パヤトンズ寺院

パヤトンズ寺院の壁画　過去27仏の成道図

タンブラ寺院

32 ティーローミンロー寺院 ★★★
HTILOMINLO

オールド・バガンとニャウンウーを結ぶ道路沿いにある。12世紀初め、後の8代王ティーローミンローが、5人兄弟の中から自分が王位継承者に選ばれたことを感謝して建立した。高さ約47mの2層の大建築物で、ビルマ様式の完成された形の寺院だ。

内部の壁画はほとんど剥落してしまっているが、4体の仏像が安置され、外壁には手のこんだ装飾が残っている。この周辺でこの高さの寺院はないので、ここで一度上部からバガン全体を見て位置を把握しておきたい。

33 ウパーリ・テェン ★
UPALI・THEIN

ティーローミンロー寺院の北側、道路を挟んで反対側にある。13世紀の高僧の名にちなんで名付けられたもので、仏教の戒を授けるための建物（戒壇院）だ。傾斜のある三角屋根を持つ小さな建造物で、木造家屋を連想させる。内部に1体の仏座像と、17〜18世紀頃のフレスコ画がある。

34 グービャクジー寺院 ★★
GUBYAUKGYI

ウェッチーイン村の南のはずれの寺院。ミンカバー村にも同名の寺院がある。13世紀の初めの建立で、方形の祠堂の上にブッタガヤの大塔を思わす塔が建つ。内部に降魔成道座像が中央に安置され、その周囲はフレスコ画で飾られている。天井には仏足跡が、左右の壁にはこの寺院を有名にしているジャータカ物語が描かれている。

ティーローミンロー寺院

ウパーリ・テェンの壁画

グービャクジー寺院

35 サパダ・パゴダ ★
SAPADA

ニャウンウー村にある仏塔。12世紀末、スリランカに10年間滞在した仏僧サパダは、帰国後、4人の僧とニャウンウーに滞在した。そしてここを拠点に、今までモンから導入されたタトン派上座仏教と対立するようになり、スリランカから新たに持ち込んだ上座仏教をバガンに広めていった。仏塔が残るだけの記念碑的な所だ。

36 シュエージーゴン・パゴダ ★★★
SHWEZIGON

ニャウンウーの西に建つ、ビルマの代表的な釣り鐘型大塔。仏塔の内部には、初代アノーヤター王がタトンを征服後、手に入れた仏舎利が納められている。11世紀半ばに建設は始められたが、王の在位中には3層の基壇が造られただけで、完成を見たのは3代王チャンシッターの時代である。

　この寺院内には、ビルマの土俗信仰の精霊ナット神を祀った祠も並設されているので、現在も参拝者が絶えない。

　「なぜ仏教の聖堂に精霊の祠を併設するのを許可したのか？」と聞かれたアノーヤター王は「古い神々で呼び寄せれば、新たな信仰にも次第に引き寄せられていく」と答えたという。塔の全面が金色に輝く仏塔はいやでも目につく。

シュエージーゴン・パゴダ

ダマヤジィカ・パゴダ(316ページ)

37 ダマヤジィカ・パゴダ ★★★
DHAMAYAZIKA

　オールド・バガン南東約5kmの荒れ地の中にある。外観はバガン王朝最後のパゴダ、ミンガラーゼディー・パゴダ(296ページ)に似ているが、台座は五角形で3層になっているし、台座面に接して5基の小さな祠堂が建てられている。さらに、それぞれの祠堂の中には、仏像が安置されている。1196年、7代ナラパティシードゥーによって建てられた。

　バガンの中心部から眺めると、はるかに霞んで見える。遠くて、道も悪く、訪れる人もほとんどいない所だが、建物の表面の茶褐色が、荒れ果てた周囲の景色にマッチした大塔だ。

■アクセス
◉ヤンゴンから
❶空港近くのソバジーゴン・バス・ターミナルから、夜行バスで約16時間。
❷夜行列車が1日1便ある。20時間以上かかるし、揺れる。外国人料金で高い。
❸飛行機は1日3〜6便。
◉マンダレーから
❶バスは1日3便、約7時間。
❷船は毎日早朝、1便。約8時間。外国人料金だが快適。

■遺跡のまわり方
❶貸し自転車を借りる。
❷馬車をチャーターする。
　初日に馬車で主な所を見た後、翌日から自転車でこまめにまわりたい。無理をすれば1日でまわれる。

■宿泊
バガン観光の拠点は3ヵ所ある。
❶ニャウンウー……バガンの中心から5km程東にある村。船着き場、バス・ターミナル、市場がある。レストラン、3〜10ドル程度のゲストハウスが多数あり便利。
❷オールドバガン……遺跡地域の中心で、まわりを遺跡に囲まれ、朝日、夕日を見るにはいいが、レストランなどがあまりなく不便。ホテルは数軒で10〜30ドルぐらい。
❸ニューバガン……バガンの中心から数km南。ゲストハウスや中級ホテルも多いが、町に活気がない。

■注意点
　乾期(11月〜2月)に訪れるのが一般的だが、バガンに関しては南部のデルタ地帯と異なり、雨期(5月〜10月)も雨量が少なく、青空も期待できる。緑がきれいで雨期も捨てがたい。
　暑期(3月末〜4月)は暑さもひどく、風が吹くと砂が舞い上がり、空がにごる。この時期は避けたい。
　寺院の上部にのぼる階段や、壁画の保存されている寺院は鍵がかけられているが、鍵を持っている人が近所にいる場合が多いので、小銭を渡して開けてもらう。
　自転車でまわる時は、トゲを持った植物が道に落ちていることが多いので、パンクに気をつけたい。

ジャワ

JAWA

ジャワの歴史的背景

インドネシア、ジャワ島の歴史の中心は、7〜10世紀にかけて栄えた中部ジャワと、10〜15世紀に栄えた東部ジャワに分けられる。しかし、中部ジャワの歴史はいまだ諸説があってはっきりしない。一般的に考えられているのは次のようなものである。

　8世紀半ば、ヒンドゥー教を信じるサンジャヤ王によってマタラム王国が建てられた。その後、支配は、大乗仏教を信仰するシャイレーンドラ王朝に移行する。この王朝の下、ボロブドゥールをはじめ多くの仏教寺院が建設された。この時期、ベトナムのチャンパ王国を侵略したり、カンボジアの真臘を勢力下に置いていたとも言われている。さらには、スマトラを地盤とするシュリービジャヤとの関係も指摘される。

　9世紀半ばには、再びマタラム王朝が勢力を盛り返し、ロロ・ジョングランなどのヒンドゥー寺院を建設した。後に王朝の中心が東部に移行することによって、中部ジャワの繁栄は終焉を迎えるにいたるが、この間、2王朝の抗争、共存、融合があったと言われる。シャイレーンドラ朝の王の娘と、マタラム朝の王の結婚話はその典型だと思われる。しかし、ヒンドゥー教や仏教ということにこだわることなく1つの王朝が統治していたという説もあり、そうと考えられる碑文も出土している。いずれにせよ、王朝の首都すら特定されてない現在、考古学的発掘による新たな発見を待つしかない。中心が東部に移された理由の1つには、火山噴火や地震といった天災によって壊滅的打撃を受けた可能性があげられる。

　東部ジャワで最初に栄えたのはクディリ王朝だが、この王朝誕生にも2つの説がある。10世紀初め、マタラム王国が東部に中心を移した時、王位を纂奪したという説と、11世紀半ばアイルランガ王が死に際して国を2人の子供に分け与え、その一方がクディリ王朝を起こしたという説である。この時期は、勢力を盛り返したシュリービジャヤが海上の交易を巡ってジャワに覇者として君臨しようとしていた時でもあった。

　1222年、クディリ王位を纂奪、王朝を滅ぼしたケン・アロックは、シンゴサリ王朝を創設した。しかし、この王朝は身内で王位争奪を繰り返し、5代70年の短命王朝に終わった。シンゴサリ王朝末期、モンゴル帝国がジャワに圧力をかけてきた。その時、混乱に乗じて王朝に対する反乱軍が決起、王を殺してしまった。王の娘婿ヴィジャヤは、この政変を逃れるため地方に雌伏し、時を待った。

　1293年、モンゴル軍がジャワ島に上陸した時、ヴィジャヤは遠征軍を利用し反乱者を捕らえ、自ら王になり新たな王朝を開

いた。彼が興したマジャパイト王朝は、イスラム勢力によって滅ぼされる16世紀初めまで続くことになる。

　中部ジャワ期は、インドから伝わったヒンドゥー教や大乗仏教が、おおむねピュアーな形で維持されていた。それは、建物の外観や彫刻にも直接インドの影響を受けたと思われるものが残されていることでわかる。

　しかし、東部ジャワ期になると、2つの宗教の融合は進み、土着の先祖崇拝も取り入れられて、寺院の様式にも反映されてくる。仏教も密教化し、ヒンドゥーの神像と仏像が共に祀られていたりする。寺院の壁面を飾るレリーフも、11世紀頃から普及し始めた影絵芝居の人形そのままを彫刻したようなものが造られ、ジャワ独特の雰囲気を醸し出してくる。

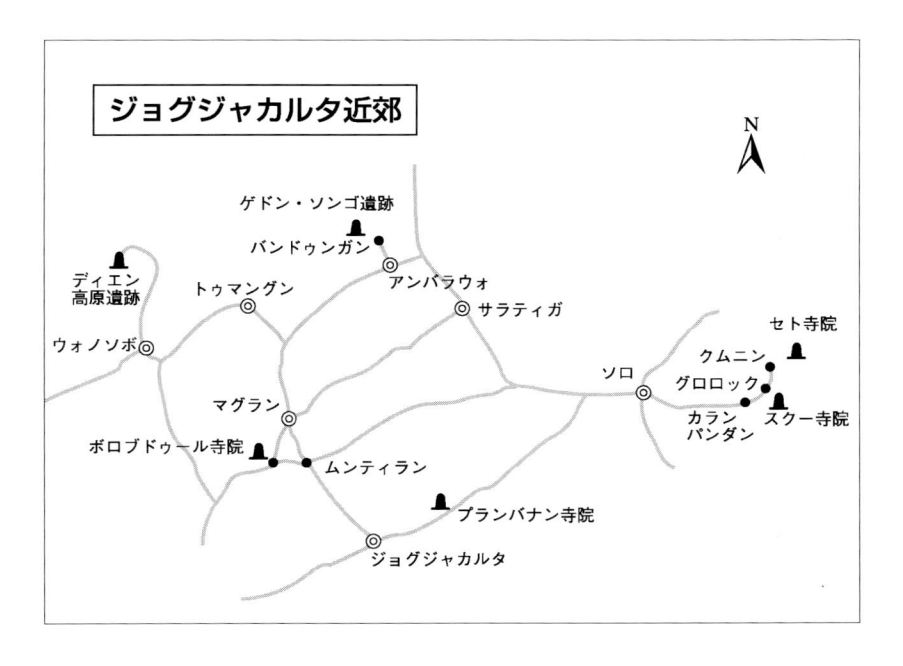

ジョグジャカルタ近郊

- ディエン高原遺跡
- ウォノソボ
- ゲドン・ソンゴ遺跡
- バンドゥンガン
- トゥマングン
- アンバラウォ
- サラティガ
- ソロ
- クムニン
- グロロック
- セト寺院
- カランパンダン
- スクー寺院
- マグラン
- ボロブドゥール寺院
- ムンティラン
- プランバナン寺院
- ジョグジャカルタ

ディエン高原遺跡群 ★★★
DIENG・PLATEAU

　海抜2120m、プラウ山の火口原に、シヴァ神に捧げられた8つの建物が残る。ディエンとは「神々の場所」を意味する言葉で、古くからこの地は霊場だった。この聖なる場所に、7〜8世紀にかけてヒンドゥー寺院が建てられた。

　湿地の中ほどに、5つの小さな石造りの祠堂が集まっている。19世紀になって、それぞれにインドの叙事詩マハーバーラタの英雄からとった名前が付けられた。外観も南インドの寺院様式に似ている。

　湿地帯から道路に出ると、道路脇にガトゥカチャ寺院があり、そばには小さな博物館が造られている。さらに南に進み集落を抜けると、屋根の部分の壁がんに、シヴァ神の顔を彫り込んだビマ寺院が建てられている。

　近くにはイオウの臭いが漂い、絶えず白い水蒸気を吹き出している温泉池がある。1814年に、ヨーロッパ人がこれらの寺院に注目した時、寺院は湖に半ば水没していたが、今は湿地帯になり、早朝などはしばしば霧につつまれて、神秘的な雰囲気を醸し出す。遺跡のまわりを走る道路沿いには、今風の民家が増えてきた。ここも徐々に雰囲気が変わっていくのだろう。

■アクセス
ジョグジャカルタからマゲラン(MAGELANG)経由でウォノソボ(WOSOBO)へ行く(約3時間)。さらにコルト(ミニバス)で約1時間でディエンに。

■遺跡のまわり方
❶歩いて充分まわれる(1〜2時間)。
❷ジョグジャカルタから日帰りツアーに参加する。

■宿泊
遺跡の近くに数軒の安ホテルがある。夕日を浴びる寺院や、早朝霧に包まれる光景を見たければ、ディエンに泊ったほうがいい。

　ウォノソボに泊まれば、ホテルの選択肢は広がる。ホテルは町の中心の市場周辺に集まっている。

■注意点
ウォノソボのバス・ターミナルと、ディエンに向かうコルト乗り場(市場の近く)は離れているので、乗り合いバスか馬車を使ったほうが楽だ。

ディエン高原遺跡群

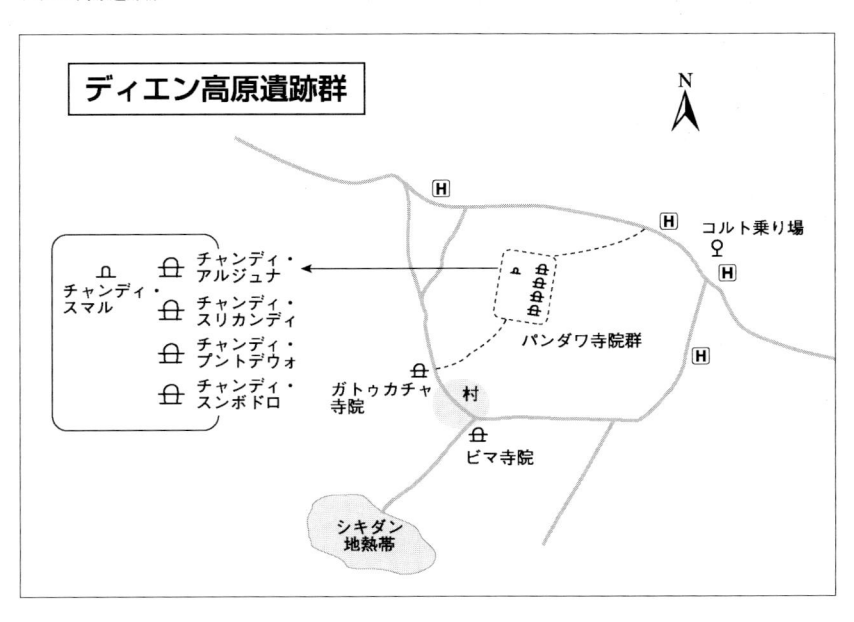

ディエン高原遺跡群

- チャンディ・スマル
- チャンディ・アルジュナ
- チャンディ・スリカンディ
- チャンディ・プントデウォ
- チャンディ・スンボドロ

パンダワ寺院群

ガトゥカチャ寺院

ビマ寺院

村

コルト乗り場

シキダン地熱帯

ディエン高原遺跡群 ★ 321

ゲドン・ソンゴ遺跡群 ★★★

G E D U N G・S O N G O

　ゲドン・ソンゴとは「9つの寺院」という意味で、その名の通り、ウンガラン山の南斜面に9つの祠堂が建てられている。寺院の様式はディエンの寺院群と似ているが、こちらの方が保存状態がいい。やはり7〜8世紀にかけて建てられたようだ。

　ここの見所は、寺院はもちろんだが、なにより素晴らしいのは、眼前に広がるパノラマ・ビューだ。緑の斜面の向こうには、正面にメラブー山、その後ろに先端がのぞいてるのはメラピー山、左前方にはスンビン山、そしてその手前にスンドロ山、いずれも3000m級の富士山を思わす火山群だ。これらの雄大な景色を背景に建つヒンドゥーの寺院は絵になる。ここには小さな温泉があり、キャンプ場にもなっている。

■アクセス
ジョグジャカルタからバスで約2.5時間でアンバラワ(AMBARAWA)へ。そこからコルトに乗って30分程で終点バンドンガン(BANDUNGAN)に到着する。

■遺跡のまわり方
❶バンドンガンからコルトで約3km、ウンガラン山の中腹に着く。そこから舗装された山道を30分から1時間歩くと、遺跡に到着する。コルトを降りた場所でバイクが待っていれば、それを使う。
❷ジョグジャカルタでツアーに参加する。

■宿泊
バンドンガンはリゾート地(標高980m)で、コルトの終点の市場のまわりにレストランや各種ホテルがある。ジョグジャカルタから日帰りもできる。

■注意点
インドネシア人の観光客が多いので、週末は避けた方がいい。山腹から見る景色は、早朝のほうが空気が澄んでいて美しい。そのためにはバンドンガンに1泊はしたい。

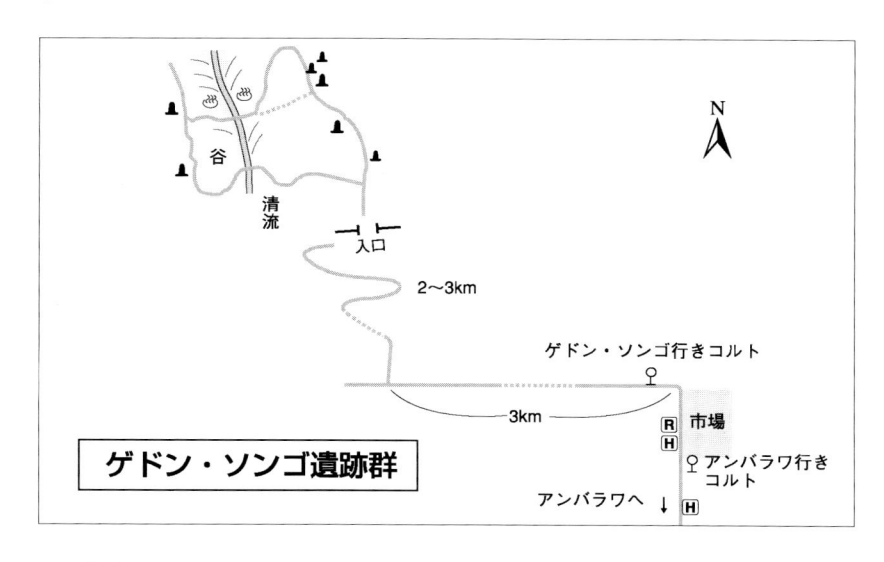

ゲドン・ソンゴ遺跡群

ゲドン・ソンゴ遺跡群

ボロブドゥール遺跡
BOROBUDUR

ボロブドゥール遺跡地域の現状

史跡公園の中にあるボロブドゥール寺院と、そこから東へ数km行った所にある2つの仏教寺院に分かれる。公園内には、ホテルや博物館が完備され、遺跡の歴史を説明した映画が上映されている。歩くのを嫌う客のためには、観覧バスまで走らせている。大多数が望む、近代的で快適な史跡公園なのだろうが、やりすぎのような気がする。まあ、遺跡をだしにしたテーマ・パークと思えば、納得がいく。そこまでやるなら、いっそのこと設置場所に配慮して、仏塔を上から見下ろせる観覧車か塔でも建てたらどうかと思う。

公園外の2つの寺院は乗り合いの車で簡単に行けるので、ここまで来たらぜひ寄ってほしい。

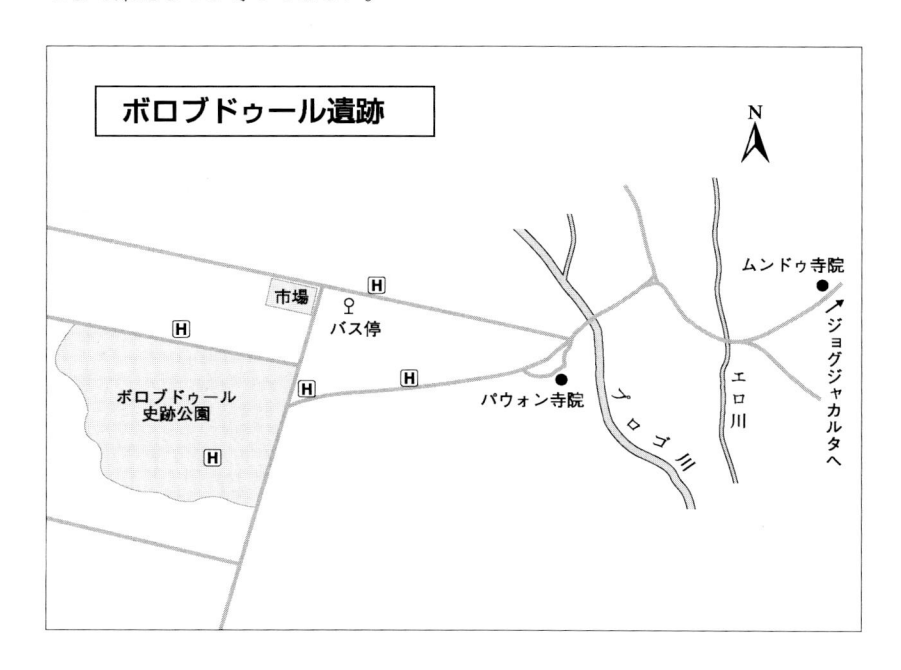

ボロブドゥール寺院　★★★★
CHANDI・BOROBUDUR

　ジャワ島の中央部、ジョグジャカルタの西北約40kmに位置し、インドネシアで最も魅力のある大乗仏教の遺跡だ。1814年、英国人ラッフルズにより発見された当時は、密林に覆われた丘の上に塔の先端部分が覗いているだけだった。その後1907年からオランダにより、1973年からユネスコにより、大規模な修復が行なわれ、現在の形になった。

　この寺院は8世紀終わりから9世紀中頃までに、シャイレーンドラ王朝の王たちによって造り続けられたもので、途中、何度か設計の変更が行なわれた。それは未完の隠された基壇が発見されたことによってもわかる。

　ストゥーパは自然の丘の上に土盛りをほどこし、その上に安山岩の切石を積み上げて造られている。全体の構成は、120m四方の基壇を最下層として、5壇の方形を階段ピラミッド状に乗せ、さらに上部に3層の円形を積み上げて、最上部に大ストゥーパを乗せるといった形をとっている。高さも42mあるのだが、その高さを感じさせないほど横の広がりを感じさせる。

　壁がんや小ストゥーパの中に納められている、およそ500体におよぶ仏像も見所の1つだが、より重要なのは壁面を飾る無数の仏教関係のレリーフだ。隠された基壇のものも含めると、1460枚の逸話のシーンと1212枚の装飾浮き彫りが数えられる。これらのレリーフは東正面から、時計回りに物語が展開している。

　最下部のレリーフは、1度発掘され、再び埋め戻されている。160枚あるそうだが、現在、南東の角に数枚のレリーフを見ることができるだけだ。それらは、天国と地獄を描いた物のようだ。

　第1回廊は上下2段に別れ、上段は釈迦の生涯を描いたものだが、悟りを開いて初説法をする場面で終わっている。下段には13種類のジャータカ物語やアヴァダーナ説話（釈迦の教えを一般信者にわかりやすく説くためのたとえ話）が表されている。第2と第3回廊には善財童子の巡礼物語が、第4回廊には多くの仏たちの姿が描かれている。第4回廊の上には3層の円壇上に小さな仏塔が並び、内部にそれぞれ異なった印を結んだ仏像が座し、最上部にはひときわ大きな仏塔が乗せられている。

　これらのことから、この仏塔は、祖先崇拝のための廟であることの他に、下から欲界、色界、無色界といった大乗仏教の三界観を表した物であると考えられる。なお、レリーフの表面には漆喰の跡が残っていて、それらには彩色されていたという説もあり、周囲は人工の湖で囲まれていたとも言われている。とすると、創建当時は水に浮かぶきらびやかな大聖殿だったかもしれない。

ボロブドゥール寺院

ボロブドゥール寺院

ボロブドゥール寺院の壁画

ボロブドゥール寺院の壁画

ボロブドゥール寺院★327

パウォン寺院　★
CHANDI・PAWON

ボロブドゥールとムンドゥ寺院を結ぶ直線上、大ストゥーパの東1.5kmの所にある小さな仏教寺院。8世紀終わり頃に建てられたと思われる。祠堂内部には何も残されていないが、外壁には半人半鳥の音楽神キンナラ、空中に遊ぶ天人や天樹など、天界の様子が彫り込まれていて、一見の価値がある。時間が許せば、ここから一直線に旧参道を歩いて、ボロブドゥールの丘を目指したい。

ムンドゥ寺院　★★★
CHANDI・MENDUT

ボロブドゥールの東3kmの所にある仏教寺院で、8世紀末〜9世紀にかけて建てられた。この祠堂の中央内部には、インドネシアで最も美しいと言われる高さ3mの釈迦牟尼仏像が、左右には菩薩の脇侍像が安置されている。いずれもインドのグプタ様式（4世紀から約200年間、北インドを支配したグプタ王朝の美術様式。古典的美術が最も発展した時期で、均整のとれた端正な彫像が作られた）の影響を受けた中部ジャワ期の最高傑作だ。

　入口内部の壁面右側には毘沙門天が、左側には鬼子母神が、どちらも多くの子供たちに囲まれ、背景には小鳥や樹木を描いた、ほのぼのとした浮き彫りがある。祠堂の外側の外壁には、8種類の菩薩像が立った姿で表され、曼陀羅を思わせる。さらに基壇に登る階段の外側には、12枚のパネルにジャータカ物語やアヴァダーナ説話が彫り込まれている。

　道路脇のなんでもない寺院に見えるが、イスラム教徒の手を逃れ、よくぞこれだけの仏像が残されていたと感心する。ボロブドゥール同様、1834年に発見されるまで密林に覆われていたのが幸いしたようだ。

パウォン寺院

ムンドゥ寺院

■アクセス
ジョグジャカルタからバスでムンティラン（MUNTILAN）へ。そこでバスを乗り換えボロブドゥールに向かう（1.5時間）。ボロブドゥール直行便に乗れれば、約1時間で到着する。

■遺跡のまわり方
❶史跡公園の外の2つの寺院は歩いても行ける距離だが、ロスメン（安宿）などで自転車を借りてまわる。
❷ジョグジャカルタからのツアーに参加する。
❸ジョグジャカルタで車をチャーターする。

■宿泊
史跡公園のまわりに数軒のロスメン、公園内には50ドル程度のホテルがある。観光客の来ない早朝や夕暮れ時を楽しむなら、1泊したい。

　ジョグジャカルタを拠点にすれば、旅行者に必要なものはすべてそろっている。

■注意点
ジョグジャカルタからバスを利用する場合、バス・ターミナルは離れているので、鉄道駅の北西にあるバス停で待った方が、駅のすぐ南に広がる安宿街に近いので便利。

　インドネシアはベトナムほどではないが、値段交渉の国。乗り合いバス、ロスメン、安食堂などでもふっかけてくる。

　ジョグジャカルタなどの都会は、買い物の最中、あるいは市バスやローカル・バス内でも、集団によるスリが横行している。気を付けていただきたい。ボロブドゥール行きのバス内でのスリの報告もある。偶然知り合ったインドネシア人に睡眠薬を飲まされて貴重品を盗まれた、という例もある。昔からジャカルタなどの大都会ではよく聞く話だったが、最近は地方都市にも広まってきた。すぐ地元民と友達になりたがる日本人はいいカモだ。

プランバナン遺跡
PRAMBANAN

プランバナン遺跡地域の現状

　遺跡エリアは、史跡公園の中と、そこから数km離れたいくつかの寺院からなる。史跡公園は、ロロ・ジョングラン寺院やセウ寺院を柵で囲ったもので、樹木の手入れもなされ、博物館やビジュアル・センターはもちろん、観覧バスも準備されている。静かに遺跡を訪れるというよりは、遊園地に近い。史跡公園を造るため、まわりの水田はつぶされ、塔を背景に田圃の畦道を行商人のおばちゃんが歩いているといった光景は見られなくなってしまった。

　その他の寺院は個々に離れていて、距離があるので、車の足を確保するか、自転車でも借りてのんびり廻るといい。せめて半日は必要だ。

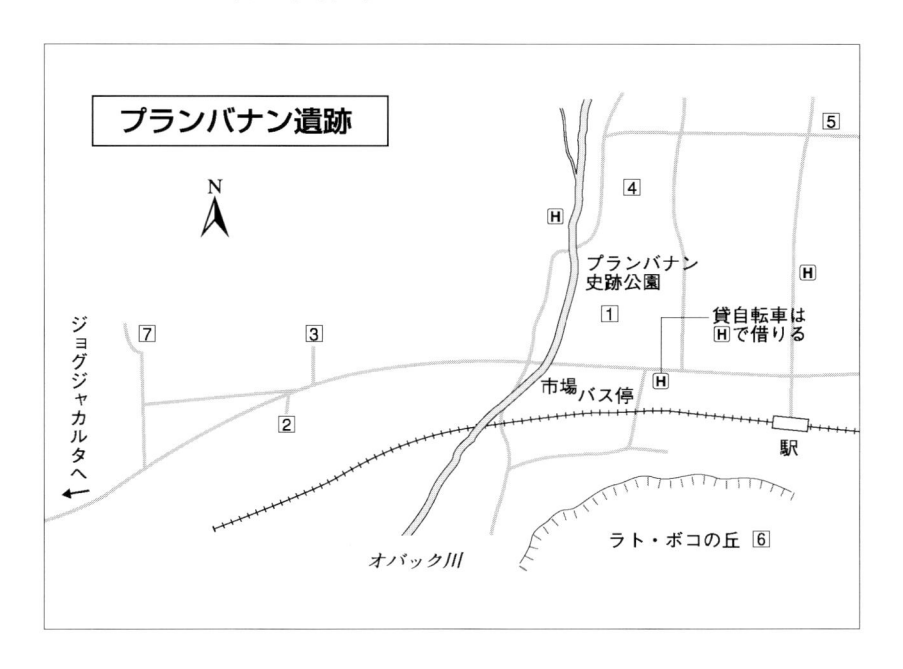

1 ロロ・ジョングラン寺院 ★★★★
CHANDI・LORO・JONGGRANG

プランバナン遺跡群の中で一番スケールが大きく、垂直にそびえる石の塔が林立するヒンドゥー寺院。「ロロ・ジョングラン」とは、「細身の処女」を意味し、この土地に残る伝説の美女の名前に由来する。

　寺院の建設には長い年月が費やされたようだが、とりあえず、9世紀半ばマタラム王朝のヒンドゥー教徒ピカタン王と仏教徒の王妃によって建てられたと言われている。

　高さ47mのシヴァ大聖堂を中心に、北側には23mのヴィシュヌ聖堂、南側にも同じ高さのブラフマー聖堂、さらにはそれぞれの塔の東側に各々の神が乗る動物を祀る小祠堂を配している。シヴァ大聖堂の東正面には、ピカタン王の顔を写したと言われるシヴァ神が安置され、南にアガスティヤ像、西にガネーシャ像、北にドゥルーガ女神像が祀られている。

　ここの一番の見所は、シヴァとブラフマー両聖堂の基部に彫刻されたラーマーヤナ物語だ。物語のパネルは48枚あり、当時のジャワの生活風俗が、動きのある人物像や動植物で表現されている。レリーフの見方は、シヴァ大聖堂の東正面から入って時計まわりに進んでいき、そのままブラフマー聖堂の回廊に続いていく。一方、ヴィシュヌ聖堂には、クリシュナ・ヤーナ物語が描かれている。その他、塔の主壁にずらりと彫り込まれた、方位神ローカパーラ像と付属の神々の浮き彫りも、保存状態がよく素晴らしいものだ。

　1991年に未修復だったヴィシュヌ聖堂の再建工事も終了し、現在ヒンドゥー寺院としては東南アジア最大級のスケールをほこっている。夕暮れ時、運よく西の空が赤く焼ければ、天を目指してそびえたつ高塔群のシルエットが浮かびあがる。

2 カラサン寺院 ★★
CHANDI・KALASAN

ロロ・ジョングランの南西約2km、ジョグジャに向かう国道脇のカラサン村に建つ仏教寺院。建物の上部と前室の部分は崩れてなくなっているが、窓枠の上にはカーラが彫り込まれていて、緻密な装飾が施されている。南入口上部のカーラは、アゴのない中部ジャワ独特のもので、特に大きく、傑作とされている。

　内部は仏像の台座のみで、彫刻は残されていない。碑文によると778年に建立されたとなっているが、現在の建物は9世紀前半に増築されたものだ。まわりはごく普通の民家に囲まれているが、庭に熱帯の木々を植えた家が多いので違和感がない。

ロロ・ジョングラン寺院

ロロ・ジョングラン寺院の壁画

ロロ・ジョングラン寺院　ドゥルーガ女神像

カラサン寺院

3 サリ寺院 ★
CHANDI・SARI

　カラサンとは道路を挟んで反対側に位置する仏教寺院で、9世紀前半に建てられたと思われる。外観3階建ての建物の内部には、階段跡や2階の床の張り跡があり、多くの部屋に分かれていたようだ。このため、僧院だったいう説もある。
　ここの見所は外壁に彫刻された天人像のレリーフだ。完全な姿を留めているものはないが、ちょっと腰をひねっただけのポーズは均整がとれていて美しい。

4 セウ寺院 ★★
CHANDI・SEWU

　ロロ・ジョングランの北1.5kmの所にある仏教寺院。入口の左右には巨大な門衛像ドヴァラパーラが座している。チャンディー・セウとは「1000の寺院」を意味し、実際、約250の仏堂が並んでいたそうだが、今はほとんど石材の山となっている。
　近年は修復作業が進み、中央の祠堂をはじめ10数棟の建物が姿を現しているが、昔の図面が残っているはずもなく、本当にこの形だったのだろうかと疑問に思われる。石の山をパズルのように積み上げ、お手軽に観光客を呼ぶために造っているような気がする。
　壁面には様々な立像のレリーフが施され、意外と見ごたえがある。8世紀終わりから9世紀初めにかけて造られた仏堂の内部には、仏座像が方位によって異なった印相を結んで安置されていて、このことから伽藍配置に密教の影響を受けた寺院だとわかる。

サリ寺院

セウ寺院

5 プラオサン寺院 ★★★
CHANDI・PLAOSAN

　セウのさらに東1kmにある仏教寺院。セウと同じく広大な寺域を持ち、多くの仏堂が建ち並んでいたが、ほとんどは崩壊してしまっている。今は道をはさんで、北側にはサリ寺院に似た形の祠堂が2棟、南側には小ぶりな仏堂が1棟建っている。

　北側の道寄りの祠堂は、1960年に再建されたもので、内部は3つの部屋に分かれていて、6体の菩薩像が安置されている。もともと各部屋には、中心に青銅の仏座像を置き、左右に菩薩像を配していたようだが、後に座像は運び出されてしまった。

　ムンドゥ寺院(328ページ)の菩薩像に比べれば傷みが激しいが、充分美しさを保っている。外壁には、多数の天人像が浮き彫りにされている。すぐ北にある同型の祠堂は、ごく最近再建されものだ。ここも、考古学的発掘などの下準備をちゃんと行なって建てたようには思えない。

　この寺院の建設者は仏教系のシャイレーンドラ王朝の王女で、ヒンドゥー系のマタラム王朝に嫁いだプラーモーダヴァルダニー妃とその夫マタラム王ラカイ・ピカタンと言われている。9世紀中頃の話だ。

6 ラト・ボコ丘の宮殿跡 ★
KRATON・RATU・BOKO

遺跡公園の南2km、丘の上に残っている宮殿跡。だれが建て、どのくらいの期間栄えていたか不明だが、8〜9世紀頃の建立だと思われる。特にこれといった建築物は残ってないが、広い敷地に基壇跡、壕や水浴場、小さな寺院がある。この丘からジャワ中部の田園地帯に点在するプランバナンの遺跡を見下ろすことができる。

プラオサン寺院

サンビサリ寺院（340ページ）

7 サンビサリ寺院 ★
CHANDI・SAMBISARI

遺跡地域の南西約10km、やや離れた場所にある。メラピー山の溶岩に数百年の間埋もれていたこのヒンドゥー寺院は、1966年、1人の農民によって発見された。

石造りの塀に囲まれた寺院の祠堂には、リンガとヨニが祀られている。サンビサリは村の名にちなんだものだ。9世紀前後に造られたと思われる。

地下から掘り出された状態なので、遺跡全体は地面より低い場所にある。したがって、入口を入ると競技場のスタンドから見おろす形で寺院の全景を見ることになる。

■アクセス
❶ジョグジャカルタからソロ(SOLO)行きバスでプランバナンで下車する。
❷ジョグジャカルタからプランバナン行きコルト(ミニバス)で約40分。

■遺跡のまわり方
❶プランバナンのロスメン(安宿)で貸し自転車を借りる。
❷ジョグジャカルタでツアーに参加する。
❸ジョグジャカルタで車をチャーターする。

■宿泊
史跡公園の周囲に数ドルのロスメン、10数ドル、50ドルクラスのホテルがあるが、全てにおいてジョグジャカルタが便利。

■注意点
ジョグジャカルタの駅前で集団に囲まれて貴重品を奪われたり、メイン・ストリートのマリオボロ通りでスリにあう例も多い。気をつけたい。

ソロ近郊の遺跡
SOLO

スクー寺院 ★★★
CHANDI・SUKUH

ソロ市の東36km、ラウ山の西側山腹に造られた15世紀のヒンドゥー寺院。境内は雑然としていて、レリーフを施した石板が無秩序に並べられている。これらは古代ジャワ文学スダマラ物語の場面を描いたもので、人物描写はジャワの影絵人形そのままだ。

レリーフは、頭の大きいちょっと不気味な人物像が多い。寺院の山門の床には、男性器と女性器の交わりの浮き彫りがあり、本殿のまわりには、やせ細ったガルーダ像がコウモリのように翼を広げて立っている。その隣には、性器をにぎった首のない像が直立している。

本殿は中米のマヤの神殿に非常によく似ていて、本殿前には約2mの石造りの亀が2体置かれ、テラスには馬蹄形の中に2人の人物を配した浮き彫りがある。これはマハーバーラタ物語の英雄、ビマとバタラ・グルを描いたものだ。

この寺院はヒンドゥー教と土着の精霊崇拝がミックスしたもので、そうすることによって、イスラムに抗してヒンドゥー教が生き残ろうとしたのだろう。深い木立に囲まれた寺域に立つ一種異様な彫像群には、おどろおどろしいエネルギーを感じる。

セト寺院 ★
CHANDI・CETO

スクー寺院と同じくラウ山にある、同じ雰囲気の寺院だ。ビマ像やコウモリ、ナマズ、エイ、ネズミといった動物の像が配置されている。参道の左右のテラスには木造の社が造られていて、今も精霊信仰の総本山として信仰を集めている。

■ソロへのアクセス
❶ジョグジャカルタからバスが1時間に1便ある(約2時間)。
❷列車は1日5〜6便(1時間前後)。

■遺跡のまわり方
◎スクーへは、町の北、ティルトナディ・バスターミナルからカランパンダン(KARANGPANDAN)へ行き(約1時間)、そこからコルトでグロロック(NGLOROK)に行く(約20分)。さらに舗装された山道を2km歩く。
◎セトへは
❶グロロックの先のクムニン(KEMUNING)まではコルトで行けるが、最後は6km歩く。
❷ソロかカランパンダンで車をチャーターする。これが楽。

■宿泊
ソロ市内に各種のホテルがある。スラマッ・リヤディー通りの両側に多い。

スクー寺院

スクー寺院　スダマラ物語の石板

スクー寺院　ガルーダの石板

東部ジャワの遺跡
EAST JAWA

東部ジャワにある遺跡の現状

遺跡は数十km四方にわたる広い地域に点在している。いずれも平野部で、まわりに人家のあるエリアに建っているので、公共の乗り物で行くことができる。

しかし、寺院の規模も中部ジャワに比べれば小さく、それぞれが別個に存在しているので、訪れる人も少なく、旅行者にとっては不便だ。一応ホテルの整ったマラン市（MALANG）を起点に訪れるといい。

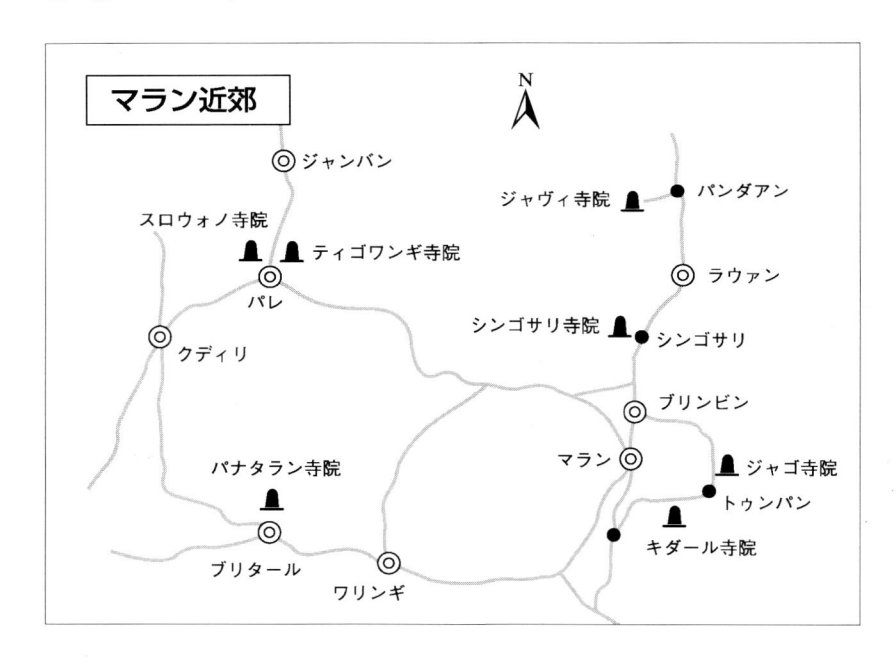

マラン近郊

（地図：ジャンバン、スロウォノ寺院、ティゴワンギ寺院、パレ、クディリ、パナタラン寺院、ブリタール、ワリンギ、ジャヴィ寺院、パンダアン、ラワァン、シンゴサリ寺院、シンゴサリ、ブリンビン、マラン、ジャゴ寺院、トゥンパン、キダール寺院）